LE

de Ray_____ _____
est le quatre-vingt-troisième ouvrage
publié chez
LANCTÔT ÉDITEUR.

LE BEAU MILIEU

Un retour simple, roman, 1998

Le maître d'hôtel, roman (à paraître)

Raymond Cloutier

Le beau milieu
Chronique d'une diatribe

Propos sur la diffusion du théâtre
au centre-ville de Montréal
et chronique des réactions
du milieu et des médias

LANCTÔT
ÉDITEUR

LANCTÔT ÉDITEUR
1660 A, avenue Ducharme
Outremont, Québec
H2V 1G7
Tél. : (514) 270.6303
Téléc. : (514) 273.9608
Adresse électronique : lanedit@total.net
Site Internet : http://ww.total.net/~lanedit/

Maquette de la couverture :
Stéphane Gaulin

Illustration de la couverture :
Jean-Pierre Sauvé, *Scène de trottoir*, gravure
(photo : Daniel Roussel)

Mise en pages :
Édiscript enr.

Distribution :
Prologue
Tél. : (514) 434.0306 / 1.800.363.2864
Téléc. : (514) 434.2627 / 1.800.361.8088

Distrobution en Europe :
Librairie du Québec
30, rue Gay-Lussac
75005 Paris
France
Télec. : 43.54.39.15

Nous remercions le Conseil des arts du Canada de l'aide
accordée à notre programme de publication. Nous remercions également la SODEC, du ministère de la Culture et
des Communications du Québec, de son soutien.

À Sylvie et à Marcel.
Sans eux...

Remerciements à tous ces nombreux collaborateurs qui, sans le prévoir ni le vouloir, ont façonné avec moi cet ouvrage: Stéphane Baillargeon, Claude Bédard, Michel Bélair, Raymond Bernatchez, Luc Boulanger, Hervé Guay, Claude Jasmin, Daniel Latouche, Nathalie Petrowski, Gilles Renaud, Jean-Pierre Ronfard et Louise Turcot.

Le théâtre n'est pas seulement l'expression d'un peuple, d'une nation mais l'attestation la plus vraie et la plus vivante d'une civilisation... Il faut le dire et le répéter, le théâtre n'est pas seulement un moyen d'écouter ou de passer le temps, c'est une occasion recherchée de préparer et de vivre sa vie avec plénitude. Le théâtre n'est pas seulement industrie ou gesticulation, il est imagination, délivrance et amour... Il nous faut chercher à définir l'usage et l'avenir du théâtre, il nous faut chercher à propager et à développer l'art dramatique... Nous souhaitons qu'il cesse d'être tenu pour un commerce ou un trafic ; nous souhaitons que l'éducation fasse, au théâtre et à l'art dramatique, la part qui lui est due.

Les extraordinaires réussites de notre théâtre français ne furent obtenues, ne se sont confirmées, que dans une persistante collision des sentiments et des idées.

Un ordre théâtral ne s'institue que par un long désordre.

Louis Jouvet,
Témoignages sur le théâtre

L'énigme

B ien que Raymond Cloutier ait tenu à conclure ce bref ouvrage sur une note heureuse, on y reconnaîtra une tragédie. Elle est d'autant plus troublante qu'il y manque plusieurs actes.

Un homme de cœur, comédien aimé du public et respecté par ses pairs, passionné, chaleureux, a mis en forme et proposé à un journal les questions qui le troublent et qu'il dissémine ici et là, depuis près de trente ans, au sujet de l'exercice de son métier en notre pays. Le texte était clair, fougueux et, chose rare comme je puis en témoigner après en avoir vu tant atterrir au Devoir, il offrait des solutions. J'avoue ne l'avoir pas reçu comme une « bombe », puisque ses interrogations semblaient valides et naturelles. Je prévoyais une solide controverse et la série habituelle des répliques et contre-répliques auxquelles Le Devoir aime bien prêter ses pages, du moins tant que les échanges experts demeurent compréhensibles au commun des mortels. On le constatera ici, cette suite normale n'a pas eu lieu.

Parce qu'il visait juste, le texte de Raymond Cloutier a pourtant fait de l'effet, et beaucoup. Il a eu droit à un large traitement dans les médias qui l'ont parfois interrogé, parfois paraphrasé, parfois déformé, *parfois contredit en leurs sections culturelles. Mais du milieu pourtant loquace auquel il s'adressait, il n'a obtenu, à quelques rares exceptions près, que silence ou insultes, dont certaines ignobles. Encore qu'il faudrait parler de « silences », au pluriel. Entre le mutisme gêné de tant d'artisans du théâtre qui lui ont dit privément leur gratitude mais ont cru trop risqué de l'accompagner, et l'aphonie soudaine de ceux que ses propos interpellaient directement, il y a un large fossé. Raymond Cloutier s'est surtout désolé du mépris dont témoignait ce silence du côté des gens de pouvoir dans son milieu, eux qui avaient au moins l'obligation morale de l'entendre et d'accepter un minimum de dialogue. Je me suis pour ma part étonnée de l'absence, trop obvie pour ne pas être volontaire, des experts en sociologie ou économie de la culture qui dispensent leur savoir à contrat mais qui, pour une fois placés devant le vif du sujet, préféraient faire semblant de se trouver hors du pays.*

Relisant tout cela, qui ne laisse certainement pas une trace écrite à la hauteur de son impact dans le « milieu », on ne comprend pas. Que s'est-il passé, que se passe-t-il ici, pour qu'on se précipite aux abris ou qu'on tente de museler en le traitant de stalinien — peut-on être plus ridicule et cruel à la fois — un homme de théâtre dont l'engagement n'a jamais été à démontrer, parce qu'il s'inquiétait du sort des oubliés de notre grande renaissance scénique, le public non initié et les comédiens que nos écoles forment pour le chômage ? Ne sommes-nous pas le pays de toutes les belles délinquances, de toutes les ruptures ouvertement professées, des provocations esthétiques assez fortes pour courir le monde, n'avons-nous pas un sens si vigoureux de la liberté qu'il prétend en remontrer à l'Amérique du Nord ?

Énigme. Qui inspire tout de même quelques hypothèses, dont certaines plus charitables que celles du pamphlétaire.

Il se peut que la crainte ait été celle, confuse mais réelle, d'une régression. En suggérant de réduire le nombre de productions des compagnies institutionnelles pour garder plus longtemps à l'affiche leurs succès et pour assurer des conditions plus décentes aux comédiens et metteurs en scène, on réveille probablement de vieilles angoisses. Il n'est pas si loin, le temps où ces compagnies quêtaient pour leur simple survie et il leur est difficile, au moment où elles disposent de moyens un peu plus décents et croient avoir atteint leur rythme de croisière, de leur demander, en quelque sorte, de freiner. Même s'il s'agit de troquer la quantité pour la qualité. De nombreux combattants du front de la culture sont en fait des vétérans qui ont tant espéré l'éclosion actuelle qu'ils se refusent à en reconnaître les effets pervers. Dans un pays longuement sevré, l'idée qu'il soit mauvais d'en faire trop est inquiétante, sinon mortifiante. Elle devenait irrecevable, pour plusieurs, au point de départ.

Il se peut aussi que le milieu du théâtre, semblable en cela à tous les milieux de création, ait intégré mieux qu'il ne le croit les diktats du marché, le credo de la productivité, de la concurrence, de la course à l'excellence douteuse qui se convainc d'exister par ses prix et ses galas. Les « saisons » théâtrales ressemblent aux « saisons » littéraires, cette bataille des primeurs durant laquelle le public finit par croire que la péremption existe, qu'une production ou un livre de l'automne ou de l'hiver dernier ne valent plus la peine d'être lus, vus, vécus une fois la saison passée. L'éphémère se planifie pour la scène comme pour la confection de vêtements, d'ordinateurs ou de voitures. Le bruit des chroniques et l'effervescence des répétitions tiennent lieu de preuve d'existence. Il est paradoxal qu'ont ait soupçonné Raymond Cloutier d'être le suppôt de la privatisation sournoise alors que la vraie tendance pourrait bien être à la transformation des lieux de culture en bruyants parquets de bourse où les nantis de codes et d'argent se livrent entre eux à des acquisitions de plus en plus frénétiques, en un ballet qui donne une fausse impression d'énergie et de mouvement. Dans le refus de discuter d'autres façons de faire se cacheraient, inconsciemment bien sûr, une mentalité et des appétits de parvenus.

Il se peut enfin que la tâche apparaisse trop herculéenne et que nous soyons, malgré nos airs conquérants, des guerriers fatigués. L'ouvrage expose bien le fatalisme général qui a repoussé toute idée qu'on puisse accroître de façon importante le public du théâtre. (Passons sur les bricolages statistiques satisfaits dont nous avons le secret et qui voudraient que les Français aillent au théâtre, en moyenne, trois fois moins souvent que les Québécois. Certains de nos experts prétendent aussi que nous sommes plus scolarisés que l'ensemble des populations européennes ! Délire d'anciens colonisés mal remis de leurs complexes.) Le pire n'est pas là. Il est dans ce sentiment que tout a été essayé, que l'élargissement du public est une illusion, que le souci de démocratisation de la culture entraîne nécessairement, comme le veut le cliché, un nivellement par le bas. Comment ne pas désespérer, en effet, quand on entend ou lit des choses pareilles dans un milieu dont presque tous les artisans sont issus de classes sociales modestes et ont eu accès à leur bonheur de théâtre parce que quelqu'un, un jour, dans une école, dans un sous-sol d'église, dans une tournée, dans un texte, a fait un effort de plus pour tendre la main, pour les atteindre et faire naître l'étincelle ?

La démocratisation de la culture est un rêve de justice. Et comme la justice, elle est inatteignable mais il est défendu de renoncer à y travailler. En sommes-nous là, à nous résigner parce que nous avons envie de nous reposer ? Si tel était le cas, le nouvel ordre du monde, celui du durcissement, aurait fait son œuvre insidieuse jusque dans les lieux les plus beaux.

Il est impossible de recevoir cette suite du pamphlet de Raymond Cloutier autrement qu'avec inquiétude, et tant mieux car elle est porteuse d'action. Voilà pourquoi je sais gré à l'éditeur Jacques Lanctôt d'avoir résolu de rassembler les pièces du dossier, de nous avoir permis de le remettre sur le métier, d'avoir sauvé ce non-débat, dont les actes manquants parlent d'eux-mêmes, de l'éphémère inévitable de nos propres « saisons » journalistiques. L'énigme, pour sa part, reste à déchiffrer.

LISE BISSONNETTE
Montréal, janvier 1999

I

L'étincelle

C et essai de réflexion sur les structures de diffusion du théâtre à Montréal découle d'un article publié dans *Le Devoir* du 7 mars 1998, intitulé par le chef de pupitre : « Le théâtre montréalais est dans un cul-de-sac ». Mon titre, un peu terne je l'avoue, était le suivant : « La situation du théâtre à Montréal ». *Le Devoir* y voyait un cul-de-sac et la suite des choses semble lui donner raison.

Les réactions à cettte parution furent telles que j'ai été emporté dans un tourbillon médiatique jusqu'à la mi-mai, où j'y ai mis fin, pour me consacrer aux répétitions de la pièce de Victor-Lévy Beaulieu, *Beauté féroce*, qui devait débuter à la fin juin au Caveau-Théâtre de Trois-Pistoles. Jamais je n'aurais imaginé qu'un commentaire, tout à fait individuel, exprimé dans un quotidien que peu de gens du milieu théâtral avouent lire avidement, provoquerait un tel intérêt. J'exprime, depuis quelques années, dans des débats, colloques, entrevues et rencontres avec des décideurs du milieu culturel, l'idée que la politique de surproduction des théâtres institutionnels cache non seulement une fragilité maladive mais surtout l'appauvrissement des créateurs, la stagnation du nombre de spectateurs et la précarisation inévitable d'un théâtre marginal.

Mon passage à la direction du Conservatoire d'art dramatique de Montréal, de 1987 à 1995, ne fit qu'accentuer cette idée. Les acteurs et les actrices qui quittaient notre école après avoir complété les trois années d'une formation exigeante physiquement, émotivement et financièrement n'avaient d'autre choix que de gagner à la loterie des auditions. À la fin des années quatre-vingt, l'idée de former une autre troupe de jeunes théâtreux qui se lanceraient dans l'aventure de révolutionner le modèle était déjà obsolète. Pourquoi ? Parce que notre beau milieu institutionnel a décidé d'occuper à lui seul toute la scène, de captiver à lui seul le peu de public déjà friand. Nos élèves ne pouvaient qu'espérer passer par la petite porte, peu souvent entrouverte, de l'audition d'un rôle laissé libre parce que nos vedettes consacrées ou les comédiens habituels de la compagnie ne pouvaient remplir la commande. Les seuls rôles ainsi disponibles aux inconnus sont ceux de jeunes qu'on ne peut trafiquer, un Roméo, un Harold, une Rosine, une Juliette. Et encore, une fois sur deux, on fait tout pour maquiller en jeunesses des interprètes trop vieux pour l'emploi. Donc, si audition il y a et si il ou elle arrache le rôle, il ou elle aura alors la chance extraordinaire de se montrer 30 soirs devant les abonnés et les clients ponctuels. Après 3 mois de travail, des critiques bonnes ou mauvaises et 6000 $ en poche, il ou elle retournera, qui à son restaurant, qui à son taxi, qui à son aide sociale. Avec les copains, il ou elle aura vécu soir après soir, dans un pub à la mode, la gloriole enivrante et sans lendemain offerte aux artistes floués dès le départ par une génération de gestionnaires de la culture qui n'a ni projet culturel ni envergure sociale et ne semble faire du théâtre que pour elle-même et ses semblables.

Je raconterai aussi fidèlement que possible dans cette chronique d'une diatribe* mon prin-temps 1998 et l'ensemble des réactions à ce cons-tat d'horizons culturels bouchés par ceux-là mêmes qui détiennent les clés de la prison dorée.

---

* Diatribe : n.f. 1734 ; «critique», 1558 ; lat. *diatriba*, gr. *diatribê* «discussion d'école».

II

La source

Cette analyse et les solutions que j'envisageais ne datent pas du printemps 1998. J'ai retrouvé dans mon ordinateur une lettre que j'écrivais au conseil d'administration du Théâtre du Nouveau Monde pour solliciter une entrevue à l'occasion de sa recherche de candidatures à la direction artistique durant l'hiver 1992. Voici quelques extraits de mon analyse d'alors :

LE THÉÂTRE DU NOUVEAU MONDE

La mission du Théâtre du Nouveau Monde exprime sans ambiguïté les responsabilités de son directeur et de ses gestionnaires, c'est-à-dire la production d'œuvres dramatiques du grand répertoire mondial et national pour un large public.

Le répertoire mondial

Il ne faut pas chercher de définition limitative à cette notion de grand répertoire. Bien sûr, tous s'entendent pour reconnaître d'emblée des textes qui ont traversé l'épreuve du temps et qui demeureront signifiants, espérons-le, pour toujours. Néanmoins, deux facteurs doivent guider le choix d'une œuvre à produire : la pertinence et la performance.

J'ai la conviction depuis longtemps que le théâtre n'existe pas en soi, qu'il ne se suffit pas à lui-même. Les œuvres doivent être produites parce qu'elles nous semblent nécessaires et presque inévitables, lourdes de sens à un moment précis qui rejoint le nôtre. Ce choix relève d'une décision intuitive, d'une appréhension artistique du réel, d'une fréquentation intime du répertoire. En d'autres mots, à l'intérieur d'une telle mission, on ne fait pas du théâtre que pour faire du théâtre. On a le devoir de relier les œuvres, de leur donner l'éternité, de consacrer le discours universel et intemporel des grands auteurs dramatiques. On ne peut donc pas produire n'importe quelle œuvre à n'importe quel moment seulement par envie soudaine de la réaliser, mais parce qu'elle rejoint des préoccupations réelles qui nous permettront d'insuffler à l'entreprise une existence significative, pleine et présente. Le théâtre est l'art du moment présent, de la vie devant soi, pour soi. Afin d'amener un large public à habiter ce présent avec nous, il nous faut rejoindre de façon profonde une émotion qui l'habite et habite également l'œuvre choisie. Il ne faut pas comprendre ici que nous devons à tout prix moderniser les œuvres pour qu'elles soient recevables, mais qu'il est impératif de réaliser tel texte plutôt que tel autre parce qu'en ce moment il nous parle, par la voix du passé, de ce que nous sommes.

En second lieu, le TNM se voit dans l'obligation de réussir la commande et de toujours approcher les créateurs qui représentent une force en rapport avec l'œuvre choisie. Cette compagnie institutionnelle représente le creuset et l'aboutissement de l'expertise québécoise en art dramatique.

Elle doit être la référence, la maison où les conditions de travail permettent aux créateurs de réaliser leurs visions à l'intérieur des contraintes économiques ponctuelles. Il y a dans la mission de cette compagnie une sorte de vocation du dépassement, de l'éblouissement. Elle sera d'autant plus fulgurante si le public a la conviction qu'il est représenté dans l'acte théâtral proposé, et cela exige une maîtrise de la vérité perçue dans les œuvres choisies et la recherche passionnée des formes qui la révèlent.

Le répertoire national

Il est de première importance d'intégrer le répertoire national au répertoire mondial. Il faut prendre notre place dans le concert des œuvres dramatiques et participer à l'affirmation d'une culture en devenir. La jeunesse et la rareté des œuvres obligent à surveiller de près les expériences concluantes et même à provoquer des créations d'auteurs déjà répertoriés. L'expertise et la réputation de cette grande compagnie doivent permettre à chaque génération de reconnaître les auteurs nationaux qui pourront ainsi subir l'épreuve du temps.

Pour un large public

Le TNM a une obligation envers la société québécoise et plus particulièrement envers les citoyens du Grand Montréal, celle de rendre tous ses spectacles accessibles à un large public. Il faut cesser au plus vite cette course effrénée à la production dont le nombre dépasse la capacité d'absorption d'un spectateur très averti. Toutes les cinq semaines, le paysage théâtral montréalais tourne la page complètement. Comment dès lors ne pas conclure que seuls 20 000 spectateurs nous sont fidèles ? La réputation des spectacles n'a pas le temps d'atteindre les segments moins branchés de notre société ; les visiteurs de l'extérieur de l'île sont désorientés, le tourisme international n'a pas de références. Les institutions d'enseignement, les groupes sociaux, le large public ne peuvent se retrouver dans cette culture *fast food* qui apparaît et disparaît sans laisser de traces. Rien ne compte, ne marque, ne se démarque. On s'étourdit dans un carrousel qu'il est difficile d'enfourcher. Une trop grande part des budgets vont à créer, cinq fois l'an, des événements médiatiques, des coups publicitaires, qui ne peuvent porter fruit en si peu de temps. Les créateurs s'épuisent à courir d'un texte à l'autre sans avoir le temps d'approfondir leur art et de s'y transformer à tout jamais.

Bref, l'on consomme un théâtre de producteurs, qui ne satisfait que les ténors d'associations pour qui la quantité d'événements et la multiplication de l'emploi à court terme sont plus rassurantes que la profondeur, l'expertise et l'accueil d'un large public qui donne son sens premier à l'art dramatique. Il y a une solution simple : la programmation doit être un corollaire de la diffusion. Je crois que le financement de la diffusion serait mieux accueilli que le soutien à la production à tout prix. Je pourrai vous expliquer comment, dès la saison 1993-1994, le TNM pourrait produire trois œuvres du grand répertoire mondial et national, étalées et juxtaposées durant de nombreuses semaines, et reprendre un spectacle de l'année 1992 qui n'a pas achevé sa carrière. Le TNM pourrait ainsi ouvrir son lieu au moins 200 fois dans l'année à un public élargi.

Le rapport Arpin nous confirme l'intérêt d'environ 40 % de la population active pour les arts de la scène (du show rock à la danse actuelle en passant par les variétés et l'opéra). Reconnaissons une base pessimiste de 5 % comme le large public susceptible de pénétrer, un jour où l'autre, dans une salle de théâtre. Cela représente, dans le Grand Montréal et ses environs, un potentiel de 150 000 spectateurs. Dans un premier temps, donnons la chance à la moitié d'entre eux de fréquenter le TNM. Animation intensive auprès des différents groupes sociaux, concertation avec les milieux de l'éducation pour intensifier la fréquentation de la population étudiante, visibilité accrue à l'extérieur des cercles d'initiés et d'abonnés ne sont que quelques-uns des nombreux moyens pour conquérir un public qui, j'en suis convaincu, ne demande qu'à pénétrer dans cette belle salle par la grande porte et à devenir captif. Les systèmes d'abonnement et les grilles de tarification devront faire l'objet d'une étude pointue, mais le problème auquel il faut s'attaquer sans faux-fuyants et avec une foi inébranlable, c'est la durée des productions et le sous-financement des créateurs. Cela se peut et cela se doit. Les fonds hier consacrés à produire cinq nouvelles œuvres chaque année seront consacrés à la mécanique de l'alternance, à l'étalement des représentations, à rencontrer « la vérité des prix » de l'acte dramatique, à la conquête de nouveaux publics, en somme à la diffusion. Rapidement se créeront chez les jeunes et les moins informés un plaisir et une habitude de fréquentation qu'il faudra surveiller de près et qui forceront un jour le TNM à conserver une vie à la majeure partie de ses productions, parce qu'elle seront une expérience inoubliable, incontournable. Ainsi orientée, cette institution redeviendra l'ambassadrice qu'elle fut, l'école qu'elle a créée, et la maison mère de notre dramaturgie.

RAYMOND CLOUTIER, février 1992

Notes pour l'entrevue du dimanche 1ᵉʳ mars 1992 avec le comité de sélection mandaté par le conseil d'administration du TNM :

Répertoire possible
Tartuffe, Macbeth, Le marchand de Venise, Les beaux dimanches, Hier les enfants dansaient, Adolorrata, Le Cid, Cyrano, La mouette, Les trois sœurs, Arturo I, Homme pour homme, La Célestine, Les Horaces et les Curiaces. Intégrer la reprise de *L'école des femmes* et de *En attendant Godot.*

L'alternance
— Saison 1992-1993 :

Septembre : *Tartuffe,* du mardi au samedi (soirée et matinée).

Octobre : *Les beaux dimanches,* les vendredi, samedi et dimanche en matinée et en soirée ; *Tartuffe,* mardi, mercredi après-midi et soir et jeudi matin (donc deux matinées scolaires) (démontage et montage de jeudi midi à vendredi midi, technique vendredi après-midi).

Novembre au 15 décembre : *idem*

20 décembre au 1ᵉʳ mars, en alternance : *Les beaux dimanches* et la reprise de *En attendant Godot* qui remplace *Le tartuffe* en inversant les positions dans la semaine.

10 mars au 10 juin : *En attendant Godot* et reprise de *L'école des femmes* (grand succès de l'automne 1991).

15 juin et tout juillet : *Tartuffe* et *L'école des femmes* (Festival Molière).

Août : congé annuel.

(Il y aura à peaufiner un calendrier pour permettre les générales des nouveaux spectacles introduits.)

— Bilan : 2 nouvelles productions au lieu de cinq ; 350 représentations au lieu de 150.

Tartuffe : 90 représentations.
Les beaux dimanches : 70 représentations.
Godot : 100 représentations.
L'école des femmes : 90 représentations.
— Prévoir des scénographies légères, des éclairages partagés. S'inspirer de Peter Brook, du Living Theatre, du théâtre de tréteaux, du théâtre élisabéthain. Remettre l'acteur à l'avant du projet théâtral.

— Les épargnes réalisées en publicité, marketing, frais de production des trois spectacles annulés devraient permettre de doubler les cachets des acteurs et des concepteurs.

La conséquence ultime de ce projet vise essentiellement l'augmentation du public en lui rendant disponibles des plages de représentations étalées sur de longues durées. En offrant une représentation en avant-midi et une autre en après-midi en semaine, il est plus facile d'atteindre la clientèle du secondaire et du collégial. La représentation du dimanche en après-midi se veut une sortie familiale. En donnant le temps au bouche à oreille de fonctionner, la rumeur pourra atteindre le public potentiel des régions éloignées, qui profitera d'un séjour dans la métropole pour assister à une représentation dont il est déjà assuré de la qualité.

❏

Je me souviens encore que, lorsque j'eus terminé la présentation de mon projet au comité de sélection, on m'a clairement répondu qu'il n'y aurait jamais au-delà de 20 000 spectateurs friands de théâtre dans la région de Montréal, qu'il était inutile de rêver à plus, qu'on ne croyait pas à la possibilité que cette institution fasse plus pour augmenter la fréquentation de la culture.

Je sortis de cette réunion découragé par le fatalisme et l'immobilisme de ces décideurs culturels qui président aux destinées de nos institutions. On veut protéger les acquis en croyant aveuglément que de s'enfermer dans un petit clan d'initiés permettra de sauver le peu qu'on a. Conséquemment, on travaille uniquement dans l'espoir d'abonner la plus grande partie de ces 20 000 spectateurs à nos activités en abandonnant le reste de la société qui nous alimente grâce aux subventions tirées de ses impôts. Si nos 24 soirs garantis sont pleins d'abonnés, nous nous permettrons quelques supplémentaires pour attirer de nouveaux abonnements. Et le tour est joué. Membres d'un club sélect, captifs de leurs cinq soirées annuelles aux dates immuables, nos spectateurs ont fait le plein de théâtre pour l'année. Certains mordus s'abonneront à deux endroits. Ils iront alors 10 fois au théâtre entre octobre et mai. Je doute qu'ils y ajoutent une soirée ou deux pour fréquenter la relève, les expériences folles ou la troupe de passage venant des régions ou d'ailleurs. Nos sept compagnies institutionnelles jouant à peu près toutes dans la même plate-bande de spectateurs, on comprend vite la stérilité de l'entreprise.

Le plan que je soumettais au TNM m'apparaissait si simple, mais il exigeait une foi ardente dans l'attraction du théâtre. Cette année-là, les théâtres d'été atteignirent une fréquentation jamais égalée dans l'histoire du Québec. J'étais et je suis toujours convaincu que tout ce public qui envahissait les granges, les sucreries, les soussols, les salles d'école et les théâtres récemment construits, ce million de spectateurs pouvaient pénétrer dans les salles du centre-ville pourvu qu'on les y invite. Bien sûr, le mépris légendaire que plusieurs promoteurs, l'été, professaient ouvertement vis-à-vis de ce public créait une sous-culture également méprisée par l'élite de la métropole. Au lieu de chercher à comprendre ce que ce public recherchait au théâtre, au lieu de fouiller les véritables besoins de ce public, on s'est contenté de balayer cette réalité pourtant prometteuse et de refermer encore plus l'accessibilité. On crut que le public ne voulait que rire, alors qu'il voulait que l'on parle de lui en riant parfois mais sans exclure les autres gammes d'émotions qui parsèment sa vie. On ne voulait pas y voir une recherche d'identité, de compréhension. Alors que le théâtre largement subventionné s'enfermait dans de grandes recherches formelles, le théâtre d'été répondait aux besoins de divertissement et de représentation des travers humains du grand public. Nulle part ailleurs en Occident un tel phénomène de société n'a pu être observé. Des femmes et des hommes sortis de leur hibernation envahissaient par milliers plus d'une centaine de lieux durant la saison estivale. Cela ne pouvait évidemment durer. Trop d'amateurisme, de productions mal foutues, ennuyantes, tournées vers le profit immédiat ont, par la force des choses, découragé même les plus naïfs des spectateurs. Aujourd'hui, environ 25 productions, certaines de grande qualité, sont offertes l'été. Cela représente quand même plus de 400 000 billets vendus à une clientèle qui ne fréquente presque jamais les salles du centre-ville. Donc, le public est là, et il nous faut comprendre pourquoi nos théâtres institutionnels préfèrent le tenir à l'écart en surproduisant sans se soucier de diffusion, sans tenir compte de la mission de leur théâtre public et en encourageant par le fait même l'appauvrissement des interprètes et des créateurs qui constituent leur matière première.

J'avais pourtant vécu deux grands succès populaires au TNM: *La cruche cassée*, de E. Von Kleist, et *La mandragore*, de Jean-Pierre Ronfard. Ces spectacles auraient dû tenir l'affiche durant des mois mais, puisque l'on avait promis une nouvelle production aux abonnés, il fallait plier bagage et laisser filer cette possibilité d'augmentation de public, fruit d'une rumeur, d'un bouche à oreille multiplicateur.

Déjà je constatais, particulièrement à l'occasion de *La mandragore*, que le spectacle n'avait pris son envol, sa réelle légèreté qu'après une trentaine de représentations. Mes propres défauts d'interprète, ma lourdeur personnelle commençaient à s'évanouir pour faire naître une fantaisie qui m'était inconnue. L'inconscient avait eu le temps de faire son travail et le climat de l'œuvre nous envahissait tous. Une scène en particulier, au cours de laquelle j'avais à me colletailler avec Luc Durand, était en train de devenir un véritable lazzi, une invention pure de deux clowns, d'un Arlequin et d'un Pantalon. J'y éprouvais une joie immense, un sentiment de jeu pur. Cela ne pouvait survenir qu'une fois dépassés la terreur des premières et l'ennui des représentations où l'on tente de reproduire notre mémoire des répétitions. Il n'y a que le temps pour permettre cette évolution de l'acte vers le moment présent pleinement habité. J'ai eu, au cours d'autres spectacles, particulièrement ceux avec le Grand Cirque Ordinaire, joués plus de 100 fois, la même conviction de passer à un deuxième souffle.

Mais au-delà du raffinement des performances, de la possibilité de voir surgir une génération d'acteurs et d'actrices calmes, concentrés, puisant sans cesse dans leur intimité pour augmenter leur pertinence, j'entrevoyais dans ce système d'alternance la capacité d'introduire une vie professionnelle plus en harmonie avec les exigences de nos vies quotidiennes.

Nul besoin de former une troupe permanente, du type Comédie- Française. Il nous suffisait d'engager, pour chacun des spectacles, les interprètes nécessaires et de garantir à ceux-ci, selon leur notoriété et leur âge, un cachet décent et surtout un très grand nombre de représentations. Lorsqu'un acteur se verra offrir entre 400 $ et 800 $ par représentation pour jouer 60 fois et plus dans une année à raison de 4 à 5 fois par semaine (au lieu des 140 $ à 300 $ actuels pour 24 représentations en 4 semaines), il saura dès lors qu'il peut se permettre, sans courir comme une queue de veau, sans sacrifier sa famille et sa vie civile, d'accepter d'autres projets au cinéma, à la télé ou dans l'enseignement. Un bon rôle dans une année nous suffit amplement, s'il nous fait vivre sans nous épuiser pour un cachet ridicule.

III

Le pavé dans la mare

Six ans plus tard, après avoir véhiculé cette analyse de la diffusion du théâtre à Montréal sur toutes les tribunes disponibles, après de nombreuses confirmations, auprès de mes collègues comédiens, metteurs en scène, scénographes, fonctionnaires tant à Montréal qu'à Québec, de la pertinence d'un changement du système de production, je décidai de mettre par écrit un énoncé de la problématique et les solutions pour la résoudre. Je trouvai l'énergie, pour construire ces huit feuillets, dans mes rencontres avec de jeunes acteurs sur différents plateaux. Fous de théâtre, il ne pouvaient espérer vivre une vraie vie dans l'art qu'ils avaient choisi. Ils voyaient leurs aînés gagner des cachets ridicules au sommet de leur carrière. Plusieurs avaient en tête le salaire dérisoire gagné par la comédienne Sylvie Drapeau l'année qu'elle se consacra totalement à la scène en jouant dans cinq productions différentes. Elle se présenta plus de 150 soirs devant le public et reçut entre 200 $ et 250 $ par représentation. Elle était, cette année-là, la grande vedette du théâtre québécois. Alors, si au sommet de la carrière je peux espérer recevoir

30 000 $ dans une année et qu'il faut pour cela répéter le premier rôle de 5 œuvres différentes, à raison de 2 mois de travail avant chaque première, et puis survivre à la critique, à l'épuisement, aux dépenses folles inhérentes à l'exercice même de cette activité, suis-je un saint ou un masochiste? «Tout le monde autour de moi, du cintrier au machiniste, du sonorisateur à l'accessoiriste, sans parler de tous les départements de l'administration, est rémunéré équitablement, c'est-à-dire plus que moi, tout le monde semble vivre correctement et moi, qui suis sur scène, devant ce parterre rempli, je ne peux espérer y gagner honorablement ma vie!» Voilà la réflexion des jeunes et moins jeunes artistes dramatiques.

Comment se fait-il que dans cette entreprise culturelle, qu'on dit florissante, fréquentée plus qu'aucune autre, les moteurs mêmes de cet art soient les plus pauvres, les plus déconsidérés dans la répartition budgétaire? Nous connaissions tous des techniciens de scène payés 70 000 $ par année, des directeurs de théâtre, des fonctionnaires de la culture gagnant encore beaucoup plus, et nous nous demandions, devant toutes ces salles pleines, ces généreuses subventions, comment il se fait que nous en étions presque réduits à un statut d'amateurs! Un comédien ayant connu toutes sortes de conditions de travail depuis longtemps, Guy Provost, répandait le mot que son travail était rémunéré 9 $ l'heure.

Les scénographes reçoivent au maximum 8000 $, quand ils n'investissent pas une partie du cachet pour peaufiner la production. Les metteurs en scène gagnent entre 6000 $ et 13 000 $. Je n'ose parler des éclairagistes et des concepteurs sonores, ce serait indécent. Et personne, de tout ce beau monde, n'est en mesure de négocier quoi que ce soit, si ce n'est une augmentation symbolique. Il y aura toujours quelqu'un d'autre pour le remplacer s'il a trop d'appétit. Suivra obligatoirement un long purgatoire d'où il ne reviendra que la tête basse et à moindre cachet. Et l'on veut tellement travailler, survivre dans notre moyen d'expression, qu'il vaut mieux accepter tout ce qui passe. En grugeant à gauche et surtout à droite, on finit par se faire à l'idée que l'épuisement, la pauvreté, le mépris sont le lot normal des artistes même s'ils pratiquent l'art le plus populaire au Québec et que cet art fait si bien vivre tant de monde autour du plateau.

À titre d'exemple, voici un tableau exposant les revenus possibles d'un théâtre de 800 places lorsqu'une production est bien accueillie et que le public s'y précipite, comme ce fut le cas pour un grand nombre de productions de la saison 1997-1998. Ensuite, nous additionnerons les cachets de tous les créateurs et interprètes pour évaluer quelle part du budget est réservée aux artistes et créateurs dans une production théâtrale type.

Les budgets des différentes productions de nos théâtres institutionnels étant impossibles à obtenir, je me fierai sur ma connaissance des revenus possibles et des différents cachets accordés aux créateurs.

Même si les salles sont pleines à l'occasion des succès, tous les billets ne sont pas au même prix. Les abonnés bénéficient de rabais, les étudiants et les personnes de 65 ans et plus également. Nous effectuerons donc un calcul des revenus sur la base d'un prix moyen de 25 $ le billet après taxes et service. Si la salle de 800 places est pleine durant 30 représentations, le théâtre pourra accueillir 24 000 spectateurs. Pour le bénéfice de l'exercice et pour demeurer un gestionnaire prudent et réaliste, nous établirons notre budget sur une base de 65 % de la capacité de notre salle, soit environ 16 000 spectateurs, donc des revenus nets au guichet de 400 000 $ (16 000 x 25 $). S'ajoute à ces revenus une part des subventions annuelles, qui varient de 35 % à 63 % du revenu global de nos 8 compagnies institutionnelles montréalaises. (Bien sûr, le budget d'un spectacle à La Veillée ou au Quat'Sous n'a rien de comparable à celui d'un spectacle du TNM ou de la compagnie Jean Duceppe.)

Nous devons alors ajouter au moins 200 000 $ de subventions aux revenus de chacun des spectacles (Et, à ce chapitre, je laisse délibérément de côté les commandites, les revenus publicitaires, les locations d'équipement, les profits des bars, les produits dérivés, etc.). Donc, affirmer que les revenus par spectacle (sauf à l'occasion d'un échec malheureux) seraient de 600 000 $ dans nos grandes compagnies demeure une approximation très conservatrice.

Dressons maintenant un tableau des dépenses allouées aux interprètes et créateurs, cette fois, en étant généreux et en nous référant au sommet de l'échelle actuelle:

metteur en scène	15 000 $
scénographe	8 000 $
costumes	5 000 $
éclairages	3 000 $
conception sonore	3 000 $

4 acteurs à 300 $/repr.
pour 30 représentations   36 000 $
5 acteurs à 200 $/repr.   30 000 $
Total des cachets des créateurs: 100 000 $

Un maximum de ⅙ des revenus est donc remis en cachets aux créateurs et interprètes, soit 16,5 % du budget. Nous constatons également que 10 % seulement des revenus sont remis à la matière première que sont les acteurs et les actrices dans l'acte théâtral.

Tant que les théâtres institutionnels ne remettront pas au moins 20 % de leurs revenus aux interprètes et 10 % aux autres créateurs comme ils remettent actuellement 10 % aux auteurs, l'iniquité perdurera. C'est donc en doublant dès maintenant la part des revenus allouée aux créateurs qu'on rétablira un certain équilibre, un certain sens dans des budgets par ailleurs extrêmement serrés. Il faudra sabrer quelque part ou augmenter substantiellement les revenus si nous voulons rémunérer les créateurs convenablement.

Parallèlement à ce triste constat, je cherchais en janvier 1998 à mettre la main sur une paire de billets pour aller voir mon confrère Luc Picard, avec qui je venais de terminer le tournage de *L'ombre de l'épervier*, d'après le roman de Noël Audet. Il s'attaquait au *Misanthrope* et je le savais anxieux et intense comme d'habitude. On le serait à moins. Toutes les actrices et tous les acteurs sont dans le même état. Chaque fois, on joue sa vie, sa réputation. Mauvais, on disparaît du paysage pour un long enfer dont on peut ne pas revenir. Correct ou très bon, on aura probablement le loisir de remonter sur scène. Puisque le carrousel montréalais tourne très vite, l'on répète dans des conditions presque impossibles à raconter : des agendas trop pleins, l'ensemble des comédiens peu souvent présents tous à la fois, des mises en scène tordues ou complexes, c'est selon, pour créer chaque fois l'événement, et une vraie première de presse à la troisième représentation publique. Rien pour diminuer la fragilité et la fébrilité de l'entreprise.

Luc, pour sa part, devait, une fois sa première passée au TNM, recommencer l'opération de l'autre côté de la rue à la Compagnie Jean Duceppe, dans le rôle titre du *Simple soldat*, de Marcel Dubé. C'est la raison qu'invoque la directrice Lorraine Pintal pour justifier l'arrêt des représentations du *Misanthrope* : « Luc Picard n'est plus disponible. » Alors qu'on sait très bien que les abonnés doivent avoir leurs sièges réservés pour le *Don Quichotte* qui suit. Et de plus, il était possible de remplacer Luc par une doublure de très grande qualité. Il n'y a pas qu'un Alceste à Montréal. Albert Millaire connaît le rôle par cœur. Et surtout, si on avait vraiment voulu privilégier la diffusion plutôt que la surproduction, on aurait réservé Luc Picard pour 70 représentations, on l'aurait payé en conséquence, on aurait retranché une production de l'année, on aurait épongé un peu le déficit de la compagnie et on aurait misé les yeux fermés sur Molière et Picard. Tout cela est facile, prévisible et connu, mais on n'a pas d'intérêt fondamental à montrer *Le misanthrope* à 60 000 personnes, puisque 25 000 suffisent à justifier notre existence. Aucun égard envers cette équipe sur le plateau déjà si pauvre et essoufflée et qui s'en va au chômage ou à la course effrénée et continuelle au double emploi, ni envers tout ce public privé d'une représentation à laquelle il a pourtant droit.

Je n'ai pas eu de billets pour *Le misanthrope* ni pour *Don Quichotte* et j'ai dû, malgré ma hâte (un mois avant que le spectacle ne prenne l'affiche), me résoudre à acheter les seuls billets disponibles, deux mois plus tard, pour voir du haut du balcon mon ami Guy Thauvette écrasé par l'immensité de la luxueuse et coûteuse scénographie des *Sorcières de Salem*.

Donc, durant ce mois de février 1998, le *Don Quichotte* en moi, cette naïve nature de pourfendeur de la bêtise qui m'envoie sans cesse au combat, me fit écrire en quelques heures sur quelques jours les huit feuillets que je fis parvenir au *Devoir*, le lundi 2 mars, accompagnés d'une lettre à la directrice d'alors, une amie de longue date, Lise Bissonnette.

Montréal, 28 février 1998

Chère Lise Bissonnette,

Voici, en annexe, un texte que j'aimerais bien que tu publies dans ta section « Idées ». Cela ne m'apportera pas de nouveaux contrats au théâtre institutionnel, c'est certain, mais comme cela fait 10 ans que le milieu me boude, je n'ai pas grand-chose à perdre. Ces pages sont le résultat d'une longue réflexion, et le résumé de nombreuses prises de position verbales. Il y a un congrès du Conseil québécois du théâtre à la fin mars et j'ai l'impression que je vais lancer une bombe dans le paysage

théâtral montréalais. Toi qui aimes la controverse, tu devrais être servie. Si tu crois que le
texte a besoin de précisions, de clarifications
ou de corrections, n'hésite pas à m'appeler.
Venant de toi, je m'y plierai volontiers.

Je te souhaite tout le plaisir que tu mérites.

À bientôt,

RAYMOND CLOUTIER

Lise Bissonnette trouva le sujet tout à fait
pertinent et probablement explosif et me proposa
de faire paraître mon papier le samedi suivant.
J'espérais, à tout le moins, une parution avant le
congrès du Conseil québécois du théâtre, puisque
c'est le lieu où, tous les deux ans, l'ensemble de la
pratique se remet en question. Mon seul moyen
de communication avec tous les membres des
organismes représentés à ce congrès était ce quotidien. Mon pavé n'intéresserait que ceux-là et
c'était déjà beaucoup. Trop près du beau milieu
puisque j'y gagne ma vie, mais éloigné du milieu
spécifique du théâtre institutionnel, n'ayant pas
été invité sur l'une de ses scènes depuis 10 ans,
j'espérais une réaction concertée du milieu des
producteurs dans une lettre bien documentée,
publiée dans les jours suivants. Quelques blagues
aussi dans les salles de maquillage de quelques
téléromans, ou dans la loge de quelques acteurs
avant le rideau, et puis ce serait fini. Mais au
moins j'aurais dit ce que j'avais à dire.

Je pestais depuis longtemps contre la surproduction, les dépenses folles du théâtre scénogra-

phique, le manque de temps alloué aux interprètes pour devenir de grands artistes à l'intérieur d'une production et l'incapacité pour le public d'atteindre les 85 spectacles produits à Montréal au cours d'une saison. Désormais inscrit dans le plomb informatisé de l'imprimerie et diffusé dans un quotidien sérieux, je pourrais passer à autre chose, cesser de me répéter à tout un chacun et tout au moins espérer faire avancer ce débat d'une coche.

Le lendemain, soit le mardi 3 mars, Claude Jasmin, sans me consulter (il n'avait pas à le faire), publie une lettre dans *Le Devoir* et cite, pour justifier sa position, une déclaration que j'avais faite au *Journal de Montréal* le 16 février 1998. Je reproduis ici son texte en entier pour que l'on comprenne bien ce qui nous différencie et ce qui nous rassemble, Jasmin et moi. Ce rapprochement involontaire de nos deux interventions a pu servir par la suite beaucoup de mes détracteurs pour voir dans mon projet une tentative de contrôle de la création et un désir de voir l'État intervenir dans la programmation des compagnies.

Le Devoir, mardi 3 mars 1998

**Déconnecté du vrai monde,
le théâtre québécois ?
Un scandaleux gaspillage, madame Beaudoin !**

Le ghetto du théâtre à performance est subventionné par le peuple mais lui tourne le dos aussitôt le chèque ministériel encaissé.

Beaucoup d'argent public est versé aux théâtres, et le peuple, cochons de payeurs, n'y va pas, n'y est pas invité, n'y est guère concerné ! Il n'y retrouve guère ses soucis, ses espérances, ses besoins, ses misères. La majorité de nos théâtres, neufs ou richement rénovés, n'offrent que performances scénographiques sur textes exotiques et obscurs. Nos compagnies subventionnées par le peuple rivalisent en spectacles « pointus » pour *aficionados* surinitiés afin de s'illustrer à l'étranger dans des festivals pour branchés d'un certain jet-set mondain. C'est un scandale, madame Beaudoin, du gaspillage !

Un comédien parle, lui, « d'un théâtre de forme, de style hermétique qui se regarde le nombril, dit que la mission du théâtre est d'être un art social » (Raymond Cloutier, *Le Journal de Montréal*, 16 février 1998). L'auteure-actrice Carole Fréchette vient de raconter les refus et les attentes pour son *Les quatre morts de Marie*, pièce jouée et louangée en Europe !

Pourtant, sans l'argent du public, la majorité de ces théâtres fermeraient (exception pour les comédies d'été).

Mme Beaudoin fera-t-elle corriger le tir ? L'État a dépensé depuis quelques années des sommes importantes ; les entrepreneurs-contracteurs, ingénieurs, architectes furent favorisés par cette manne du temps de la ministre Liza Frulla. De bons amis du pouvoir libéral ? Maintenant, ces installations profitent à une bande de snobs déracinés pour leurs spectacles de type « tape-à-l'œil ». Rien n'est fait pour que s'épanouisse vraiment une dramaturgie québécoise. C'est un interminable « concours d'épate ». Les érudits salonards, incultes au fond, règnent au ghetto des théâtreux à performances.

Des textes valables, dit-on, attendent sur les bureaux du Centre des auteurs dramatiques (CEAD) ; c'est là que devrait aller l'argent public, madame la ministre ; que l'on attache les subventions à ces textes négligés, pas ailleurs. Les aliénés aux belles bâtisses neuves ou rénovées : qu'on leur coupe les vivres si notre dramaturgie pue à leurs nez délicats ! Sans l'argent du peuple, ces espaces embourgeoisés deviendront des impasses à publics confidentiels. La salle d'attente du CEAD, la cour de triage de ce CEAD, doivent être réactivées !

Des déracinés surdoués : Asselin, Lepage, Maheu, Marleau

Que cesse le règne des déconnectés, grands initiés internationalistes, mépriseurs des populations qui payent. Mais vive la liberté : qu'ils montent à leurs frais leurs élucubrations obsolètes. Deux hommes de théâtre respectés, en visite au Québec, ont répété un après l'autre le même grand conseil : « Montez d'abord et avant tout vos auteurs. » C'était Louis Jouvet en tournée ici à la fin des années cinquante, et puis Jean-Louis Barrault au début des années soixante. C'est le vrai rôle des théâtres dans n'importe quel pays pas trop colonisé. Cette saison, la Compagnie Duceppe annonce une année exceptionnelle, hors de l'ordinaire. Or, une telle saison devrait être, au contraire, normale, ordinaire.

En pays normal, après tant d'argent public versé, cette valse de centaines de millions de dollars, on aurait dû obtenir trois Gratien Gélinas, six Marcel Dubé, huit Michel Tremblay. Ce quarteron de visualisateurs surdoués, Asselin, Lepage, Maheu, Marleau, pourrait devenir un instrument prodigieux collaborant à l'épanouissement de notre dramaturgie. Suffit de briller dans des rencontres incestueuses à Tokyo, Londres, Berlin, etc. ! Vain voyagement payé par l'argent public et gaspillage !

Assez du règne des gadgets formalistes !

Leurs indéniables talents pour l'extériorisation dramaturgique sont gaspillés, ils ne font rien pour l'élargissement d'un théâtre qui serait vu et fréquenté par ceux qui leur versent taxes et impôts. Inversion culturelle déplorable ! On a déjà condamné, ailleurs, au temps des informations modernes d'aujourd'hui, le gaspillage des ambassadeurs, consuls et autres grands bureaucrates-voyageurs ; il n'en va pas autrement pour tous ces ramasseurs de lauriers à l'étranger. N'ayons aucune crainte, la crème de cette dramaturgie nationale recevra les invitations nécessaires. Mais il faut une dramaturgie d'ici.

Foin des gadgets visuels, foin du narcissisme complaisant dans lequel pataugent nos excités en décors-éclairages et effets optiques cinémato-vidéo-cinétiques. Ça suffit ! Le jeune acteur-auteur Yves Desgagnés, récemment, dénonçait ce théâtre du déracinement. Le superficiel cosmopolitisme à la mode est une insulte aux citoyens subventionneurs. L'évolution qu'on aurait dû observer a été bloquée par ces modèles du jet-set, hélas ! On a eu le burlesque et le vaudeville (Grimaldi, Deyglun et cie), on a eu l'édification

pieuse (père Legault et cie), l'exclusivisme classique (Gascon, Roux et cie), et hop ! grand saut :
c'est le nombrilisme, l'autarcie, avec les gens du
« Go », de l'Usine C, du néo-TNM et cie. Le
temps est venu, madame Beaudoin, de crier :
stop ! Les « cochons de payeurs » en ont assez du
« tout pour la forme, rien pour le fond ».

CLAUDE JASMIN, écrivain

Après la lecture de cet article, j'étais en proie
à une légère panique. Plusieurs y verraient bientôt un mouvement concerté, une charge à fond de
train sciemment concoctée par un auteur frustré
et un acteur en chômage. J'eus une crainte justi-
fiée d'être mêlé à un mouvement de droite où les
gouvernements dictent au « bon peuple » ce qu'il
lui faut lire, voir, écouter. Mon intervention allait
pourtant dans un autre sens mais forçait, je
l'avoue, une réflexion libre sur la programmation
de façon à réussir un projet ambitieux de réorganisation de la diffusion.

Jasmin frappait tout de même un grand
coup. Si ce n'est de son ton ferrailleur, l'idée de
suggérer aux metteurs en scène à la mode de
fonder leur pratique sur des textes en attente au
Centre des auteurs dramatiques (CEAD) plutôt
que de toujours s'appuyer sur les écrivains
d'ailleurs, est pertinente. J'adhère complètement
à la fonction identitaire du théâtre, tout en sachant très bien que notre identité n'est pas toujours révélée par ce qui nous est proche. Un vieil
Allemand, une Italienne ou un jeune Yougoslave

peuvent souvent mieux que mon voisin me parler de ce que je suis profondément. Mais à ne jamais vouloir être confronté aux auteurs d'ici, il y a un malaise que nous devrions explorer.

L'internationalisme de Denis Marleau crée, dans le même moment, la fierté de bien paraître et l'étrangeté de ne pas être collectivement représentés. Gilles Maheu se fait construire un lieu superbe dans le quartier le plus pauvre de Montréal et ne s'intéresse aucunement à la réalité qui l'entoure. Trop inculte, cette population lui sert de décor exotique pour ses ateliers et ses premières. Son théâtre, au lieu d'enflammer un quartier, de lui donner ce dont il a été privé, éloigne à jamais un public dont on ne veut pas tenir compte.

« Nous sommes des artistes, pas des pédagogues et surtout pas des missionnaires », doit-il penser, à l'instar du beau milieu ! Alors, son usine est devenue un garage exotique et luxueux.

Je veux tenter d'éviter un contrôle de l'État sur les œuvres tout en exigeant des compagnies subventionnées qu'elles travaillent à l'augmentation de la fréquentation des lieux de la culture. Si les œuvres sont pertinentes, elles devraient l'être pour un grand nombre de spectateurs. Et si notre public est si pauvre, pourquoi notre plateau, nos scènes sont-ils si riches ? Y a-t-il corrélation entre la scène et la salle ? Y a-t-il un imaginaire qui se fait écho ? L'internationalisme n'est-il pas une fuite en avant ou une fuite tout court devant la problématique locale ? N'y a-t-il pas dans la notion de théâtre subventionné une obligation pour ce théâtre privé sans but lucratif d'être aussi un théâtre public ?

Penché sur ces questions et quelque peu tendu dans l'attente du samedi 7 mars, je crus bon d'aviser le critique de théâtre de *La Presse*, Raymond Bernatchez, de la parution à venir dans *Le Devoir*. Je n'avais pas cru possible de le faire publier dans *La Presse* compte tenu de sa longueur et du sujet. Il me demanda de le lui télécopier et me suggéra de le modifier ou d'en écrire un nouveau pour que *La Presse* puisse publier une primeur, ce à quoi je me refusai. Le samedi matin, je ramassai *Le Devoir* lancé par le camelot sur mon perron.

Le Devoir, 7 et 8 mars 1998

Le théâtre montréalais est dans un cul-de-sac

Dans la grande région métropolitaine de Montréal, où vivent 3 millions de personnes, on estime qu'environ 30 000 d'entre elles fréquentent nos théâtres, 15 000 habitués et 15 000 qui s'ajoutent lorsqu'il y a un gros succès, soit entre 0,5 % et 1 % de la population. Il y a donc peu de monde admis à la grande fête théâtrale, mis à part les initiés et les abonnés. En effet, comment s'assurer d'être prévenu, par une source sûre, d'un succès, comparer les critiques, évaluer les projets, trouver la bonne semaine, réserver la gardienne, convaincre un ami ou la conjointe et faire tout cela en dedans des 24 représentations garanties d'une bonne ou mauvaise pièce ? Après, les spectacles disparaissent dans la nuit des temps, et 2 millions de dollars en coûts directs et indirects s'envolent, dont un million en subventions chaque

mois pour les besoins de 15 000 fervents spectateurs.

Toutes les cinq semaines, invariablement, les
théâtres ferment leur portes pour une dizaine de
jours, refont des enchaînements, des générales, de
coûteuses campagnes de promotion, des premières gratuites pour le gratin et les amis qui vont
consacrer ou démolir l'aventure, et recommence
l'illusion d'une vie culturelle intense. À la mi-
mai, les théâtres ferment leurs portes pour quatre
mois. Le bon peuple, qui ne sait plus où donner de
la tête dans ce tourbillon, paie pour la construc-
tion, l'administration et l'entretien de salles vides
six mois par année.

Durant l'autre six mois, il n'a ni les clés ni le
code pour entrer dans le temple ; ou bien la programmation le rebute, ou bien les salles l'intimi-
dent. Pourtant, l'été, presque un demi-million de
fauteuils, souvent inconfortables, sont occupés
par des amateurs de théâtre qui boudaient ou se
sentaient exclus des salles du centre-ville de
Montréal. Pourquoi ?

Impossible d'obtenir des billets pour *Le misanthrope* au TNM, après la première semaine.
Malgré cela, on retire le spectacle de l'affiche
après quelques supplémentaires. Il y aura peut-
être une reprise dans plusieurs mois lorsque le
momentum sera disparu. Pourquoi ?

Les muses orphelines auraient pu jouer
durant un an à guichets fermés au Théâtre d'Aujourd'hui, *Les années*, une saison entière au
Quat'Sous, mais on arrête tout après un mois et
on tente une reprise des mois plus tard. Pourquoi ?

Malgré une centaine de premières dans nos théâtres montréalais, on ne retrouve que trois spectacles disponibles la fin de semaine du 19 au 22 février 1998, mois au cours duquel notre clientèle privilégiée semble vouloir fréquenter le plus assidûment nos salles de spectacle. Pourquoi ?

Notre seul théâtre d'exportation est basé sur les images, les concepts, l'élitisme, le raisonnement, le corps. Rarement sur l'acteur, le jeu, l'émotion, la performance dramatique, la représentation populaire. Pourquoi ?

Le jeune théâtre, la relève, les théâtres expérimentaux sont encouragés par des clientèles étanches, monolithiques et forcément restreintes. Pourquoi ?

Qu'on ait 15 000 abonnés à la Compagnie Jean Duceppe ou 10 fois moins dans d'autres compagnies, toutes justifient l'abandon des succès par l'obligation de fournir le siège promis à ceux qui ont des revenus suffisants pour payer à l'avance et à rabais pour des spectacles que le reste du public ne pourra voir même à gros prix. Pourquoi ? (À cet égard, la plupart des théâtres des grandes métropoles ont transformé leur statut d'abonné en celui d'ami. Ceux-ci sont informés, de façon privilégiée, des changements de programmation et ont le premier choix des dates et des sièges disponibles. Rien à voir avec la dictature actuelle des abonnements.)

Dans notre métropole, des actrices de premier plan, des acteurs populaires et consciencieux ne peuvent gagner leur vie même lorsqu'ils réussissent à obtenir trois premiers rôles dans l'année.

Cachet maximum, 9000 $ pour 3 mois de répéti-
tions et 5 semaines de représentations. C'est tout
ce qu'obtiennent les plus grandes vedettes québécoises. Pourquoi ?

L'été venu, les mêmes interprètes jouent
entre 40 et 70 représentations d'un même spectacle pour des cachets supérieurs dans des
théâtres privés non subventionnés. Pourquoi ?

Parce que nous sommes prisonniers d'une
tradition, d'une prison souvent dorée qui s'est
construite à notre insu et de laquelle il nous apparaît impossible de nous échapper. Le théâtre des
années cinquante jusqu'au milieu des années
soixante s'adressait à une élite intellectuelle, édu-
quée, bien informée, et bataillait ferme pour sortir la province de l'obscurantisme et garder un
lien affectif avec Paris tout en encourageant timi-
dement la dramaturgie locale.

Mais les 30 dernières années ont permis
une explosion sans précédent de la créativité,
l'arrivée de metteurs en scène, de scénographes,
d'acteurs, d'actrices et surtout de dramaturges et
d'auteurs. Les subventions sont passées de
presque rien à 12 millions, on a bâti des salles,
consolidé les compagnies, multiplié le nombre
de places disponibles par milliers. Il y a maintenant plus de premières à Montréal qu'à Paris,
plus de pièces à l'affiche dans une année qu'à
New York. Et pourtant le public n'a pas beaucoup augmenté durant ces 30 ans. Le lobby du
théâtre fait tellement peur au gouvernement qu'il
n'ose remettre en question la pertinence de cette
surabondance stérile et déconnectée des réalités
économiques.

Pourquoi ? La peur, le défaitisme, la croyance dans l'inculture de la clientèle et l'indifférence à la mission collective du théâtre.

Parce qu'il est plus facile de faire des premières que de l'apostolat, plus excitant de produire que de diffuser. Parce qu'il semble plus moral de remettre presque toutes les subventions à la publicité et au lancement des productions alors qu'elles doivent être destinées aux créateurs. Parce que l'on impute aux abonnés nos programmations bétonnées. Parce qu'on croit que l'essoufflement des interprètes, le grand choix restreint dans le temps, le halètement d'un public captif cacheront l'absence d'une relation réelle avec une société. Et ne touchez pas à ma liberté d'expression alors qu'il faudra très bientôt toucher à la liberté de production.

La solution : la mise en place, le plus tôt possible, d'un système de diffusion en répertoire dans tous les théâtres institutionnels. Deux ou trois productions par année, dans les grandes compagnies, jouées continuellement en alternance. D'autres salles plus petites pourraient prendre le risque de ne présenter qu'un seul spectacle chaque saison.

Imaginez *Le misanthrope* disponible, au Théâtre du Nouveau Monde, les mardis, mercredis après-midi et soir, *Don Quichotte*, les jeudis, vendredis après-midi et vendredis soir, et enfin, les samedis, dimanches après-midi et dimanches soir *Les sorcières de Salem*. Environ 300 représentations par année. Des acteurs reposés, assurés d'un salaire annuel décent et, pour certains d'entre eux, la possibilité de tenir plusieurs rôles dans différentes productions. L'introduction de doublures rémunérées, soit des élèves du Conservatoire ou de l'École nationale de théâtre, ou autres membres de l'UDA dûment auditionnés et qui auraient la chance d'une vie de tenir des rôles importants autrement inaccessibles (je n'invente rien, c'est la règle à New York, Londres, Paris, Stratford, Cracovie...)

Des acteurs et des actrices à qui l'on permettra enfin d'atteindre des sommets parce qu'ils auront dépassé le seuil des représentations s'appuyant sur la mémoire. Avant une quarantaine de représentations, impossible d'arriver à ce « deuxième souffle » où l'inconscient peut commencer à nourrir et à modifier les contraintes originales imposées par la mémoire. Obliger les acteurs à se limiter à 24 représentations, c'est les condamner à ne jouer que des clichés, à utiliser leurs tics, les forcer à développer une personnalité théâtrale, un personnage passe-partout. Voilà pourquoi notre théâtre, et principalement celui qu'on exporte (hormis notre théâtre jeunesse), fait appel aux images et aux idées plutôt qu'au jeu et aux émotions.

La conséquence la plus importante de ce bouleversement des politiques de diffusion sera évidemment l'augmentation substantielle du public. Montréal deviendrait un festival permanent de théâtre. Si l'Espace Go, le Quat'Sous, le Théâtre d'Aujourd'hui, le Théâtre Denise Pelletier, la Compagnie Jean Duceppe, le TNM et le Rideau Vert, La Veillée et l'Usine C se ralliaient à cette formule, nous aurions dans la même semaine le choix entre une quinzaine de spectacles différents, tout au long de l'année. Quoi de plus facile, alors, pour le public de planifier une sortie, pour les grossistes en voyages de proposer des forfaits spectacles, pour les amateurs des régions éloignées de recevoir la rumeur et d'avoir le goût de descendre à Montréal, le mois suivant, pour une petite virée. Les succès seraient des triomphes et les échecs pourraient se retirer sans honte et sans étirer le malaise.

Les différents subventionneurs pourraient se mettre d'accord pour financer la diffusion plutôt que la production. Au lieu d'une prime à la quantité de productions, il devrait y avoir une prime au nombre de représentations. Récompenser du même coup la vente de billets à rabais, aux étudiants, aux aînés, aux assistés sociaux. L'argent épargné en décors, costumes, répétitions et surtout en marketing, placements médias, relations publiques pourra être réinvesti en cachets décents pour les concepteurs, interprètes, auteurs et compositeurs.

Il faudra reprendre le bâton du pèlerin et aller, dans la tradition de Jean Vilar, remettre le théâtre à ceux à qui il est aussi destiné, les travailleurs, les enfants, les laissés-pour-compte. Le ministère de l'Éducation pourrait obliger tous les enfants, du préscolaire au collégial, à assister à deux représentations théâtrales de leur choix chaque année.

Qu'est-ce qu'on attend? Les œuvres sont là et l'on assiste impuissant au déferlement étourdissant et insaisissable de dizaines de productions somptueuses mais éphémères. Jamais elles n'ont le temps de s'inscrire dans la mémoire collective.

Arrêtons d'avoir peur, de sous-évaluer notre société, de la croire incapable d'embarquer dans

un projet semblable. Sortons de nos veilles habi-
tudes, de nos chicanes de clans, de nos droits
acquis, et trouvons des solutions rapidement.
Notre théâtre est à l'urgence, encombré, ineffi-
cace, en perte de sens, déconnecté de sa société.

Lorsque nous limiterons la production institutionnelle montréalaise à une quinzaine de
spectacles au lieu de la quarantaine actuelle, nous
permettrons enfin à la relève, au théâtre expérimental, aux aventures de toutes sortes d'avoir la
chance d'atteindre un public autrement sursollicité et incapable de·soutenir un art qu'il voudrait
bien fréquenter.

Lorsque nous atteindrons ce seuil critique,
en deçà duquel le théâtre montréalais n'a pas de
sens et ses millions de subventions non plus, ce
seuil de 100 000 spectateurs dans les théâtres de
la métropole, nous saurons que notre génération a
fait son devoir au lieu de surfer sur les décombres
de l'État-providence en se moquant des conséquences de son manque flagrant de vision.

La seule façon de passer de 15 000 à 100 000
spectateurs fidélisés (ce chiffre pourrait doubler à
l'occasion de gros succès), c'est d'ouvrir les salles toute l'année durant, de faciliter la compréhension des programmations, de donner le temps
au spectacles de prendre leur envol, de subven-
tionner la patience et la recherche de nouveaux
publics, et d'annoncer notre festival de théâtre
permanent dans tout le Québec, la Francophonie
et l'Amérique.

Que chaque compagnie trace par la suite ses
chemins, suive ses intuitions, son esthétique. Présentement, toutes affichent à peu près les mêmes

couleurs. Les mêmes acteurs courent d'un théâtre à l'autre pour être dirigés par les mêmes metteurs en scène, éclairés, habillés et décorés par les mêmes scénographes.

C'est comme si Montréal ne possédait qu'un seul gros théâtre à scènes multiples vivotant grâce au bénévolat de tous les concepteurs et interprètes et justifiant son existence par l'amour des gens de théâtre, qui entrent en religion (merci au père Legault), et la fidélité des initiés de la secte.

Désormais, avec des concepteurs bien rémunérés, des acteurs calmes et exclusifs, des metteurs en scène décidés à communiquer les œuvres plutôt qu'à les embrouiller, nous pourrions en quelques années opérer une révolution irréversible de notre pratique et laisser à la génération montante les structures nécessaires pour la survie d'un art que nous aimons par-dessus tout autre.

Les Québécois aiment leurs acteurs et leurs actrices, ils sont fous de théâtre l'été : offrons-leur donc un paysage et un accueil qui les inviteront sans gêne et sans confusion dans les temples qu'ils ont tous payés de leurs impôts.

RAYMOND CLOUTIER, acteur,
février 1998

IV

Le tourbillon

Dans les jours qui suivirent la publication de mon texte, mon téléphone ne dérougissait pas. Gilbert Sicotte, Paule Baillargeon et plusieurs autres que je ne peux nommer me félicitaient, m'encourageaient, heureux que les questions de la pratique théâtrale qu'ils vivaient soient enfin posées. Guy Thauvette, en pleine répétition des *Sorcières de Salem* au TNM, tout en m'appuyant sans réserve, me demandait d'y aller mollo sur les abonnés, dont il disait qu'ils ne sont pas responsables de l'état des choses. Il avait raison ; ce ne sont pas les abonnés qui créent les campagnes d'abonnement !

La télécopie d'une lettre émouvante me parvint, signée par deux complices de longue date, les acteurs Louise Turcot et Gilles Renaud. Lettre qui sera publiée dans *Le Devoir* du 23 mars, précédée d'une autre de M. Claude Bédard (que je ne connais pas), qui, lui, résume à sa façon le débat.

Le Devoir, lundi 23 mars 1998

Rêve théâtral

Nous venons de lire la prise de position de Raymond Cloutier sur la situation cul-de-sac de notre théâtre et nous entendons déjà monter vers lui les soupirs remplis d'espoirs et les murmures approbateurs de centaines d'acteurs ct d'actrices qui, comme nous, reconnaissent dans le fruit de ses réflexions l'image concrétisée de notre énorme insatisfaction.

Nous exerçons depuis 30 ans le métier d'acteur avec passion même si parfois semble se tramer un noir complot pour étouffer notre flamme. Les conditions de travail qu'il décrit si bien sont la principale source de notre essoufflement collectif. Notre histoire d'amour avec le théâtre en est une à partenaires multiples qui se succèdent à vive allure et nous laisse éternellement insatisfaits. Nous pensons avoir atteint l'âge de la profondeur et mériter de vivre une aventure théâtrale axée sur autre chose que des besoins créés artificiellement et où l'événement théâtral domine, reléguant les artistes au rôle de faire-valoir des compagnies de théâtre empoisonnées par le virus contagieux du succès à tout prix.

Nous répondons à Raymond Cloutier pour que l'on sache qu'il n'est pas tout seul à réfléchir, que nous, les acteurs, qui ne décidons de presque rien, nous avons gardé au plus profond de nous une conception idéalisée de notre métier qui a survécu envers et contre tout et qui nous remplit parfois d'amertume devant nos rêves irréalisés.

L'heure est peut-être venue que ceux qui le pratiquent, ce métier, se lèvent et parlent haut et fort. Nous faisons le souhait que son texte paru dans *Le Devoir* du 7 mars 1998 soit le déclencheur d'une longue série de gestes concrets posés par les bonnes personnes au bon moment, c'est-à-dire maintenant. Raymond Cloutier a exprimé clairement ce que chacun pensait tout bas et nous l'en remercions.

Louise Turcot, actrice
Gilles Renaud, acteur
Longueuil, 7 mars 1998

Le Devoir, lundi 23 mars 1998

Repli sur l'abonné

Le texte de Raymond Cloutier (*Le Devoir*, 7 mars 1998) m'a d'abord séduit parce qu'il est écrit avec beaucoup de clarté et d'intelligence, qualités rares dans la presse écrite (et même, jusqu'à un certain point, dans un quotidien de qualité comme *Le Devoir*). Bien entendu, la justesse de l'argumentation de M. Cloutier m'a aussi frappé. Sans entrer dans les détails, disons que je vais rarement au théâtre mais que j'en prendrais probablement l'habitude si les pièces restaient plus longtemps à l'affiche, que leur réputation avait le temps de s'établir et qu'on avait plus de temps pour trouver des billets.

Je pense en effet que le repli sur l'abonné coupe l'oxygène aux théâtres et les place effecti-

vement en conditions perpétuelles de soins inten-
sifs. Imaginons que je sois abonné au théâtre X.
S'il ne présente que trois pièces au lieu de six
dans une saison, que vais-je faire ? Sans doute
m'abonner aussi au théâtre Y pour avoir droit
à ma ration de spectacles (et les abonnés du
théâtre Y s'abonneraient sans doute au théâtre X).
La différence dans le nombre de représentations
serait comblée par un public plus large qui aurait
le temps de réagir à la présence des pièces, par
l'entremise des médias et du bouche à oreille.

Quant à la répartition des ressources finan-
cières entre les techniciens (de la scène et de la
publicité) et les acteurs, je considère que c'est
tout simplement une honte.

La remarque de M. Cloutier sur le fait
qu'après une trentaine de représentations l'acteur
commence vraiment à « sortir de la technique »
pour vivre plus pleinement son personnage me
semble très juste, et c'est le genre de petits détails
opérationnels qui font les grosses différences,
mais qui ne pèsent pas lourd dans l'esprit gestion-
naire.

CLAUDE BÉDARD
Montréal, 12 mars 1998

À compter du lundi matin, je fus invité à participer à plusieurs émissions d'affaires publiques
à la radio et à la télévision. Du bout de ma lor-
gnette, j'avais l'impression d'avoir lancé un train
à toute vitesse sans que le conducteur ne con-
naisse le trajet. En toute logique, je me devais de

répondre à toutes ces invitations. Étonné de l'intérêt créé chez tous ces journalistes par mon analyse de la situation du théâtre montréalais, je devais souvent vulgariser en quelques lignes-chocs, quelques exemples toujours anecdotiques, le fond de ma pensée. N'étant ni un être calme ni un intellectuel patenté, ne possédant ni langue de bois ni art de l'esquive, mes interventions me décevaient chaque fois.

Je dus confronter Lorraine Pintal, directrice du Théâtre du Nouveau Monde, à l'émission *Indicatif présent*, le mercredi matin 11 mars, dans un débat par ailleurs fort bien animé par Marie-France Bazzo. Lorraine fut d'ailleurs la seule directrice d'un théâtre institutionnel qui accepta de me rencontrer dans ces deux mois de débats publics et je l'en remercie. Le milieu de la production théâtrale a fait l'autruche, laissé passer la tempête pour donner l'impression que le problème n'existait pas.

Face à Lorraine Pintal qui était affligée d'une grave extinction de voix, ma paire d'écouteurs sur les oreilles, j'entendais les justifications traditionnelles du système de diffusion actuel.

M'emportant, à la fin de l'émission je comparai les coûts astronomiques du département de marketing du TNM à la maigre part dévolue aux interprètes et autres créateurs du spectacle. L'émission se termina quand même sur une note légère et nous nous quittâmes en bons termes.

Arrivé chez moi vers onze heures, des messages téléphoniques m'attendaient. Le premier de Loui Maufette, de l'équipe des communications et du marketing au TNM, qui criait sa colère et sa révolte contre mes propos « désobligeants » envers tous ceux qui, dans cette compagnie, travaillent comme des forcenés pour tenir la barque à flot. Un long fleuve d'injures inécoutables à moins de tenir le téléphone à un mètre de mon oreille. J'étais atterré. Je n'avais nommé personne au cours de l'émission de radio, je ne personnalisais pas le débat. C'est vrai que, ayant donné l'exemple du secteur marketing du TNM, je me doutais bien qu'il y avait des employés réels dans ce département et qu'ils pouvaient être concernés par mes affirmations. Jamais je n'ai critiqué leur compétence ou leur dévouement lorsque j'adressais mes reproches sur les répartitions budgétaires, entre marketing et acteurs, à leur directrice. Je trouvai donc étrange de recevoir, de leur part, des appels de colère à la maison.

J'entrevis dès lors un dérapage nocif pour la cause que je défendais. Si ce débat, qui n'en était qu'à ses premières lueurs, déviait sur ma personne, toute mon entreprise tomberait à l'eau. C'est sur ce terrain miné qu'on voulait m'amener : faire de mon analyse un point de vue très individuel et sans importance, alors qu'il me semblait parler au nom de tant d'artistes qui doivent subir ce carrousel et ses conséquences sans dire un mot de peur d'être rangés sur la liste des moutons noirs et au nom de tout ce public anonyme qui ne peut s'exprimer collectivement. Au lieu de rappeler Loui Maufette et de réagir à chaud, je fis une marche autour de mon pâté de maisons et lui écrivis une lettre que je lui fis parvenir, le jour même, par messager.

Montréal, 11 mars 1998
M. Loui Maufette
Théâtre du Nouveau Monde

Loui,

Après ton message téléphonique enragé j'ai préféré prendre quelques heures et te répondre par écrit. Plus tard, si tu le veux bien, nous pourrons converser calmement des vrais enjeux de ma démarche.

J'ai le vilain travers de laisser mes émotions envahir ma raison et surtout mon discours. Laissez-moi vous dire que vous devez être fiers tous deux de votre travail puisque le TNM, j'en suis assuré, sera pratiquement plein à toutes les représentations d'ici la fin de l'année.

Mon souci d'assurer une plus grande diffusion des spectacles et des salaires décents aux concepteurs, créateurs et interprètes ne m'entraîne pas à dire que vous êtes trop payés, loin de là. Ce que je dis, c'est ceci : Est-il normal que le plus important théâtre subventionné au Québec mette tous ses efforts à multiplier les premières, les placements médias, les campagnes de promotion pour tenter de créer 5 événements chaque saison alors que seulement 24 000 personnes ont droit d'y assister dans la grande région de Montréal et que les grands responsables des succès, ceux sur lesquels vous appuyez vos campagnes, les stars de la télévision, les acteurs et les actrices de vos distributions ne reçoivent qu'un salaire dérisoire, et que les metteurs en scène, les scénographes devraient recevoir le double de ce qui leur est accordé actuellement?

Vous, au secteur marketing du TNM, avez reçu un mandat que vous exécutez consciencieusement, et je sais le travail constant que cela nécessite. Moi, je remets en question le mandat, le sens, la mission des théâtres institutionnels. Que vos salles soient pleines ou à demi pleines ne change en rien la problématique. J'estime qu'il faut changer le mode de diffusion complètement pour permettre l'accueil de nouveaux publics.

Si vous lisez mon texte calmement, vous y verrez les pistes de solutions applicables dès l'automne 1999. Un seul spectacle au Quat'Sous, deux seulement à l'Espace Go, au Théâtre d'Aujourd'hui, à la Veillée, à l'Usine C et trois chez Duceppe, au Rideau Vert, à la NCT et au TNM, le plus possible en alternance pour donner le temps au temps de faire son œuvre et au marketing de se transformer en office de promotion, d'animation, de pénétration d'un marché qui échappera toujours à la publicité tous azimuts.

Toi qui es l'ami de tant d'acteurs, de metteurs en scène, comment ne peux-tu être sensible au désarroi de tous ces artistes résignés à travailler pour une bouchée de pain, condamnés à des conditions de travail indignes et qui font les frais de cette mentalité d'enfant gâté?

Lorsque l'on répartira au TNM le coût de deux productions sur les trois autres, nous pourrons automatiquement redistribuer à ces pauvres du système la sécurité minimale qui leur est due depuis longtemps.

Si j'ai dû employer l'argument de l'énorme département de marketing du TNM, c'est pour faire comprendre le déplacement des valeurs dans lequel ce système déconnecté des réalités nous a entraînés. Ce n'est pas ton mandat de remettre en question le fonctionnement de ton institution, et je crois vraiment que vous êtes les meilleurs et les plus dévoués des collaborateurs que le TNM puisse avoir. Mais je veux dire aux dirigeants, aux fonctionnaires, aux subventionneurs, aux commanditaires, aux intervenants sociaux que les théâtres institutionnels appartiennent à tout le monde, qu'il faut arrêter d'essouffler le petit public, que tous les théâtres s'arrachent à prix d'or, et les acteurs qui ne savent plus où donner de la tête pour joindre les deux bouts sans se faire démolir à chaque première.

Arrêtons de surproduire, ayons confiance, exigeons que tous les étudiants soient forcés de se présenter deux fois par année dans nos salles, pensons aux travailleurs, aux sous-éduqués, aux démunis, aux aînés dans nos programmations et cessons de tant douter de nous qu'il faille te faire travailler six jours par semaine pour créer des événements à répétition qui ne servent qu'à nous masquer la défaite de notre système de diffusion qui tourne à vide. Pourquoi Montréal ne pourrait-il devenir un grand Stratford ?

Sans rancune aucune,

RAYMOND CLOUTIER

Le lendemain je reçus la visite de Nathalie Petrowski qui tenait à rédiger sa prochaine chronique sur, à ses dires, le sujet de l'heure. Je répondis candidement, comme à mon habitude, à toutes ses questions et elle publia, le lundi 16 mars suivant, une chronique qu'elle intitula fort justement : « Secrets de famille ».

J'y lus une bonne vulgarisation de mes préoccupations et un juste compte rendu des conditions de la pratique théâtrale et de l'esprit du milieu.

Quelques pages plus loin, Raymond Bernatchez résumait à sa façon le texte que je lui avais télécopié une semaine plus tôt. Fidèle à son habitude, il cherchait le *punch*, la confrontation, en citant crûment les aspects les plus percutants de la problématique. Aucune analyse, aucune opinion personnelle. Voici ces deux articles mis bout à bout.

La Presse, lundi 16 mars 1998

Secrets de famille

Il y a des secrets de famille qui ont intérêt à le rester car les révéler au grand jour, c'est courir le risque de déplaire aux parents, de diviser les enfants, de foutre le bordel dans la famille et de se mettre à dos un paquet de gens.

C'est pourtant le risque que Raymond Cloutier a décidé de prendre tout récemment. La famille en question ? Le théâtre québécois.

Dans un long texte paru dans *Le Devoir*, l'acteur s'en prend à la surproduction théâtrale qui fait de Montréal la ville au monde où il se monte le plus de nouvelles pièces par année.

Mais attention : ce qui passe pour un signe d'effervescence cache en fait une sorte de perversion. Car peu importe si les pièces sont bonnes ou mauvaises, à grand succès ou à portée confidentielle, elles se retrouvent toutes sur le même convoi et doivent quitter l'affiche à la date prévue même si elles auraient dû fermer au bout de trois jours ou tenir l'affiche trois ans.

Avec un manque affolant de souplesse, le théâtre québécois enfile les pièces à la chaîne au nom d'une seule religion : le roulement.

C'est ainsi qu'à toutes les cinq semaines, dans tous les théâtres de Montréal, un nouveau spectacle en chasse un autre, occasionnant à toutes les cinq semaines une dépense d'énergie folle en répétitions, en générales, en publicité et en premières gratuites pour le gratin, créant l'illusion d'une vie culturelle intense. L'illusion.

Résultat : le public n'a pas le temps de réserver ses places pour une pièce qu'elle n'est déjà plus à l'affiche, les acteurs sont épuisés, les metteurs en scène brûlés et les directeurs de marketing écrasés par l'obligation de nourrir le monstre qui ne cesse de se reproduire au sein d'un système qui tourne à vide avec la bénédiction de l'État.

Car tout ce système repose sur une politique voulant que plus les productions sont nombreuses, plus la subvention est importante. Et comme les compagnies ont besoin de ces subventions, elles ont tout intérêt à travailler dans le volume, quitte à se noyer dans son océan.

❏

Inutile de dire que la charge de Raymond a été accueillie par un grand grincement de dents. Plusieurs acteurs sont peut-être venus le féliciter discrètement. Reste que les directeurs artistiques et leurs amis à l'administration ont trouvé qu'il exagérait, que les choses n'allaient pas si mal que ça et que la minirévolution qu'il propose (moins de spectacles qui tiennent l'affiche plus longtemps) est un projet aussi insensé qu'impossible.

S'ils avaient été honnêtes avec eux-mêmes pourtant, ces gens qui ont transformé le théâtre en carrousel et son art en industrie reconnaîtraient que Raymond a raison.

On a beau invoquer l'incroyable effervescence du milieu théâtral, il reste que sa surenchère finit par devenir malsaine. Elle ressemble dans les faits à une fuite par en avant, voire à un train lancé à pleine vapeur dans la nuit et dont le conducteur gît sur le plancher, ivre, étourdi ou inconscient.

Dans cette course folle, le train écrase beaucoup de monde sur son passage, à commencer par les acteurs, à qui le théâtre québécois n'offre que des performances limitées et grossièrement sous-payées, les poussant à courir d'une salle de répétition à un studio de télé et leur interdisant de s'installer dans un rôle comme on s'installe dans une maison et de grandir en tant qu'acteurs.

Le secret le mieux gardé de la famille théâtrale est sans contredit les conditions de travail des acteurs québécois. Ce n'est jamais de gaieté de cœur que les acteurs acceptent le rôle titre dans un Shakespeare ou un Molière pour un cachet équivalent à leur participation dans un quiz à la télé.

Mais les acteurs acceptent parce qu'ils veulent travailler, parce que leur envie de se mesurer à la scène et leur plaisir à le faire sont tels qu'ils sont convaincus qu'ils doivent en payer le prix.

Dans les faits pourtant, rien ne justifie le déséquilibre vertigineux entre le 40 000 $ que peut rapporter un Luc Picard un soir avec le *Misanthrope* et les 300 $ ou 350 $ qu'il gagne ce soir-là pour sa prestation.

Pas un concertiste, pas un chanteur rock, pas un humoriste n'accepterait de remplir des salles à cette condition-là. Pas un producteur privé n'oserait du reste le leur proposer. Mais le théâtre québécois n'en a cure.

Avant de nourrir ses acteurs, ses scénographes et ses metteurs en scène, le théâtre cherche d'abord à accommoder et à épater ses abonnés, cette poignée d'irréductibles qu'il croit être ses seuls amis.

C'est ce que Raymond appelle la dictature des abonnés. Dictature dans la mesure où le théâtre n'est plus un service public mais un club privé d'où sont exclus les ouvriers, les chômeurs, les jeunes, les vieux et les joueurs de bingo, qu'on ne cherche même plus à rejoindre tant on est convaincu qu'ils n'aiment pas le théâtre.

Or, quand on voit ce même public réserver six mois à l'avance ses places pour les théâtres d'été, on ne peut nier que ces gens acceptent au moins une des conventions du théâtre : s'asseoir dans une salle pour regarder des gens évoluer sur scène.

Cloutier est convaincu qu'il y a chez cette clientèle d'été un potentiel qui n'a pas été exploité l'hiver. Convaincu que Mme Bingo passerait une fort agréable soirée en compagnie du *Misanthrope*. Suffirait de l'informer que la pièce est à l'affiche (elle l'ignore souvent). Suffirait aussi que la pièce y reste suffisamment longtemps pour que le mot se passe et dépasse le vase clos des abonnés.

Le projet bien entendu est de taille. Il suppose une réforme radicale au sein de la grande famille du théâtre. Non seulement la famille doit-elle changer ses façons de faire, elle doit changer sa façon de penser et surtout cesser de se considérer comme la mal aimée dans un pays d'illettrés.

Et puis, si la famille n'était pas si pressée d'enfiler les pièces à la chaîne pour satisfaire l'appétit de ses abonnés, si elle prenait le temps de souffler et de sortir un peu, elle découvrirait peut-être que le monde est vaste et peuplé de toutes sortes de gens, qui au fond ne demandent qu'à être invités au théâtre.

NATHALIE PETROWSKI

La Presse, mardi 16 mars 1998

Produire pour produire, c'est dilapider l'argent du public et gaspiller le talent des acteurs

« *The talk of the town* », depuis quelques jours, dans le milieu théâtral montréalais, c'est la récente sortie du comédien Raymond Cloutier, dans un quotidien montréalais, qui accuse les grandes compagnies de production de dilapider les fonds publics et de gaspiller le talent des acteurs en surproduisant à un rythme effréné.

Raymond Cloutier, il y a peu de temps encore, était directeur du Conservatoire d'art dramatique. Il a soutenu, jeudi lors d'une conversation téléphonique, qu'il était indécent de mettre systématiquement de nouvelles productions en scène toutes les cinq semaines alors que le plein de public n'était pas fait dans plusieurs cas. « En persistant à agir ainsi, on *scrape* l'argent du monde, parce que ce sont les payeurs de taxes qui assument une bonne part du prix des billets. Pour les acteurs, ce n'est pas plus drôle. Ils n'ont pas suffisamment de temps pour répéter et ils sont sous-payés parce que les budgets de production et de promotion coûtent les yeux de la tête.

Subséquemment, Raymond Cloutier recommande que les grandes compagnies de production réduisent de cinq à trois le nombre d'œuvres portées à la scène dans le cours d'une saison. Il suggère également de les jouer en alternance, plusieurs mois durant, pour permettre à un plus grand nombre de spectateurs d'y avoir accès tout en ménageant le système nerveux des acteurs. D'autres que lui consentiront-ils à se mettre au blanc pour soutenir publiquement son point de vue ? C'est à suivre. Si tel devait être le cas, les fonctionnaires du ministère de la Culture du Québec pourraient se retrouver avec une patate chaude dans les mains.

RAYMOND BERNATCHEZ

Le lundi 23 mars, 15 jours après la parution du document dans *Le Devoir*, aucune réaction officielle du milieu des producteurs n'avait encore paru. Je ne comprenais pas que les directeurs des compagnies ne prennent pas position face aux problèmes que j'exposais à toute la population. Ils avaient assurément conclu que tout cela, avec le temps, retournerait, comme toujours, dans l'oubli.

J'aurais aimé lire l'argumentation qui soutient le mode de production et de diffusion actuel. Bien sûr, ils n'avaient aucun compte à me rendre. Pour qui est-ce que je me prenais ? Je n'étais qu'un simple citoyen frustré de ne pouvoir assister au *Misanthrope*, au *Mariage de Figaro*, à *Don Quichotte* et j'en passe. Je n'étais qu'un simple acteur demandant des conditions de travail et des cachets à la mesure des revenus générés par les représentations données dans nos théâtres publics.

Aucune réaction non plus de la chaire en gestion des organismes culturels (HEC). Les professeurs et les étudiants dont j'envahissais le terrain d'étude ont observé, tout au long de ce débat, un silence suspect. Attendaient-ils un contrat des directeurs de théâtre pour me répondre ou préféraient-ils m'ignorer pour plaire à leurs futurs employeurs ? L'université à la solde des entreprises, est-ce possible ?... Sinon, ont-ils pris congé de « Devoir » et de leçons ?

La Presse de ce jour m'apporta la première réaction par la bouche de M. Pierre Mantha, ex-membre du conseil d'administration du Théâtre du Nouveau Monde. Elle est éloquente et limpide et confirme toute mon argumentation. Raymond Bernatchez reprend, sans les remettre en question, tous les arguments de M. Mantha et appelle pour la deuxième fois les joueurs à monter dans l'arène.

La Presse, lundi 23 mars 1998

Surproduction :
le public de théâtre est trop peu nombreux

Ex-membre du conseil d'administration du Trident et du Théâtre du Nouveau Monde, Pierre Mantha a réagi il y a quelques jours aux propos tenus par le comédien Raymond Cloutier, selon qui les grandes compagnies de théâtre surproduisent au détriment de la qualité, des conditions de travail des acteurs et de l'intérêt même du public.

Se qualifiant d'administrateur bénévole, Pierre Mantha précise que les théâtres auxquels il a été associé ont constamment essayé de trouver une formule leur permettant de franchir la barre des 25 à 30 représentations, mais qu'ils s'étaient constamment heurtés à une réalité incontournable, celle des «petits marchés». «À Montréal, et encore plus ailleurs au Québec, le public de théâtre est trop peu nombreux», affirme-t-il.

«Si l'on réduisait le nombre de productions, quoi choisir, vers quoi aller? Importer des *"musicals"*et mettre l'argent sur la mise en marché? En tout cas, on devine que les productions d'auteurs québécois et les créations seraient bannies puisqu'elles font rarement de 20 000 à 25 000 spectateurs. Même les classiques font peu souvent des supplémentaires à Montréal: comment penser programmer ces mêmes pièces pendant, disons, 2 ou 3 mois, et espérer 50 000 ou 75 000 spectateurs alors que la plupart des productions n'atteignent pas 75 % ou 80 % de jauge sur 5 semaines?» Pierre Mantha en conclut que, même si les problèmes soulevés par Raymond Cloutier sont bien réels et même si ses suggestions sont intéressantes, il n'en doute pas moins que «cela permette aux comédiens et aux compagnies de théâtre de vivre décemment et aux spectateurs d'y trouver leur compte».

RAYMOND BERNATCHEZ

On voit bien ici le fatalisme des membres de conseils d'administration et la souris qui se mord la queue. Petit marché de seulement 20 000 spectateurs (le même discours qu'en 1992 lorsque je fus reçu en entrevue par le comité de sélection du TNM), obligation de monter des «*musicals*»(quel mépris pour tout ceux qui n'ont pu voir *En attendant Godot, L'école des femmes, La mandragore, Le misanthrope*, etc.), les créations et les auteurs québécois seraient bannis (*Les beaux dimanches, Un simple soldat, Les muses orphelines*, etc., ont dû céder la place pour que les abonnés reviennent s'asseoir devant un nouveau spectacle). Si une jauge de 80 % n'est pas suffisante, c'est que les budgets n'ont pas d'allure. (Trop d'argent affecté aux relations publiques, aux placements médias, à la création répétée d'événements qui n'en sont pas toujours.)

Normalement, on doit budgétiser sur une capacité de 65 % de la salle et continuer les représentations tant que la salle est remplie à 65 %. Qu'est-ce que c'est que ces administrateurs qui ont créé ce système insensé de gestion de la culture !

Et M. Mantha conclut, dans sa logique, que les acteurs et le public n'y trouvent et n'y trouveront pas leur compte. Est-ce la seule réponse officielle que je recevrai durant tout ce débat ? Une courte entrevue de deux paragraphes, c'est éloquent !

Le lendemain 24 mars, *Le Devoir* publiait la lettre d'un acteur, auteur dramatique et professeur d'histoire de la dramaturgie au Conservatoire d'art dramatique de Montréal. Cet appui fut un baume. Situant sa réflexion une coche au-dessus de la mienne, Gilbert Turp sortait de la cuisine pour passer au salon en appelant à la joie, au renouveau, à l'innovation.

Le Devoir, mardi 24 mars 1998

Une réflexion éclairante

Raymond Cloutier a signé dans *Le Devoir* des 7 et 8 mars une réflexion critique extraordinaire sur la situation du théâtre à Montréal. Il me semble impossible pour les gens de théâtre de ne pas se sentir interpellés.

Son texte synthétise en les clarifiant des questions qui taraudent le milieu théâtral depuis le début de la décennie.

C'était une joie à lire, une vraie joie spinozienne, quelque chose qui nous ouvre le cœur et l'esprit et nous apporte de la clarté.

D'ailleurs, l'art n'a que cette seule nécessité : créer de la joie. Même une œuvre sombre, dure ou désespérée (aussi terrible que *Macbeth* de Shakespeare, par exemple) nous illuminera comme une joie si elle est réussie.

L'art n'est pas un savoir ou un discours, mais une rencontre, une expérience affective dont nous émergeons plus vivants, plus animés.

Il suffit d'observer les spectateurs à la sortie des théâtres : quand c'est réussi, ils ont toujours les yeux brillants. Les visages sont plus rayonnants, plus animés.

C'est pourquoi rien n'est plus aberrant au théâtre que l'ennui, l'indifférence, la norme. L'enfer pour les gens de théâtre, c'est un public sans joie.

Là où le texte de Raymond Cloutier me paraît une contribution majeure, c'est que les problèmes structurels qu'il cerne influent considérablement sur la dimension artistique. Si les compagnies de théâtre à saison uniformisent leur façon de faire, elles risquent de créer des œuvres de plus en plus prévisibles. Et en surproduisant, de multiplier du même. (Ce danger est bien réel. Voyez la télévision : plus les chaînes se multiplient, plus les productions ont l'air de sortir du même moule.) La routine au théâtre est catastrophique dans notre rapport au spectateur car elle tue la rencontre.

À ce point-ci, peut-être est-il bon de se situer dans une perspective historique.

Jusqu'à récemment, les théâtres à Montréal étaient tous dirigés par leurs fondateurs. L'identité artistique de ces lieux collait intimement à leur forte personnalité. Succéder à des fondateurs ne peut pas être facile. Les périodes de transition ne le sont jamais.

L'une des tâches qu'ont accomplies les divers successeurs a touché aux lieux physiques. Déménagements, rénovations, la plupart des théâtres y ont fait face avec beaucoup de ténacité et de persévérance.

Cela prouve que nos directions artistiques actuelles peuvent entreprendre de grands chantiers et les mener à bon port quand l'ensemble du milieu soutient ces projets. Eh bien, après les murs, le temps est peut-être venu de rénover certaines de nos façons de faire.

GILBERT TURP,
praticien de théâtre
et professeur d'histoire
de la dramaturgie au Conservatoire
Montréal, 18 mars 1998

V

La tornade

Dans les jours qui suivirent, j'eus de fréquentes conversations avec la directrice du Conseil québécois du théâtre (CQT), Dominique Violette. Nos enfants fréquentant la même école, nous poursuivions, près de la clôture de la cour de récréation, des réflexions sur la culture organisationnelle des théâtres subventionnés. Un jour, elle déclara qu'il était impensable que je ne puisse venir débattre mes préoccupations au prochain congrès du CQT à la fin du mois. Je fus donc invité à une table ronde sur l'«écologie du théâtre», concept que j'ai de la difficulté à saisir encore aujourd'hui. J'acceptai d'aller rencontrer le lion dans la fosse avec l'intuition que je pourrais y saisir les raisons de la résistance et du confort de l'*establishment* théâtral montréalais, puisqu'il faut bien le nommer. Ma participation était prévue pour le dimanche 29 mars à 17 heures.

Le samedi 28 mars, *Le Devoir* consacre sa couverture du cahier «Arts» au congrès du Conseil québécois du théâtre. Évidemment, on ne put éviter de mentionner mes interventions et d'en faire à l'avance le procès. La table était mise, les lions affamés. J'aurais ma réponse dans un lieu clos entre les murs du milieu.

Michel Bélair remettait, tout d'abord, mon intervention dans un contexte historique avec quelques erreurs bien pardonnables.

Le Devoir, samedi 28 mars 1998

Raymond Cloutier au front

Vieille question, faux débat ou brillante suggestion, la sortie de Raymond Cloutier n'est pas sa première

Ce n'est pas la première fois que Raymond Cloutier rue dans les brancards. Au début du siècle, plus précisément au tout début des années 1970, son nom, déjà, faisait la manchette. À la tête d'une bande d'étudiants contestataires comme on les aimait dans le temps, il quittait le Conservatoire en claquant la porte et en dénonçant « l'institution théâtrale ». La révolte fut féconde puisqu'elle accoucha du fabuleux Grand Cirque Ordinaire.

Elle s'inscrivait toutefois dans un contexte tout à fait différent de celui qui est le nôtre maintenant. La structure de l'industrie théâtrale que nous connaissons en était à ses premiers balbutiements. À l'époque, seules quelques grandes troupes formaient « le théâtre officiel » : le *triumvirat* TNM-Rideau Vert-NCT et le TPQ qu'on voulait troupe nationale de tournée. Ces compagnies réussissaient à vivre sans trop de problèmes en occupant des territoires différents du répertoire et en mettant peu à peu en place les variables du « système des abonnements » qui est à la base du financement gouvernemental d'aujourd'hui.

Ailleurs, hors de l'Église, en marge, le Quat'Sous de Buissonneau et le Théâtre du même nom (TMN) de Jean-Claude Germain vivotaient tout en créant une nouvelle esthétique, un nouveau public. Le théâtre québécois explosait alors de vitalité plutôt que de menacer d'éclater de l'intérieur sous le poids des structures qu'il s'est données depuis. Et c'est dans ce contexte que Raymond Cloutier et le Grand Cirque sont apparus.

Beaucoup d'encre a coulé sur nos scènes depuis. L'explosion s'est perpétuée, au point que les compagnies se comptent aujourd'hui par dizaines. Le répertoire s'est fragmenté et les auditoires se sont caractérisés, figés par « dénomination », presque subventionnés par genres. Il y a aussi qu'on a coulé dans le béton une approche presque industrielle (dans le sens de grappe) du théâtre et de la culture en général. Pas étonnant de voir remonter aux barricades celui qui avait précisément combattu cette systématisation.

Le théâtre québécois est-il vraiment menacé par ses structures mêmes, comme la célèbre *Célibataire* ?

Faut-il tout chambarder ou, au contraire, continuer à consolider l'entreprise puisque la création se porte quand même plutôt bien sur nos scènes, non ?

Le débat est lancé, qui s'en plaindra ?

MICHEL BÉLAIR

J'ai expliqué à Michel Bélair, un peu plus tard, que je n'ai jamais quitté le Conservatoire. Au contraire, j'y ai étudié une année supplémentaire dans la ville de Québec pour me préparer au concours de sortie de juin 1968. J'y ai décroché un Premier Prix et une bourse d'études qui m'ont permis de séjourner et de jouer en France et en Suisse à l'automne 1968 et à l'hiver et au printemps 1969.

Ce sont les élèves de l'École nationale de théâtre, auteurs et membres du Grand Cirque Ordinaire, Paule Baillargeon, Claude Laroche, Gilbert Sicotte et Pierre Curzi, qui ont quitté l'institution, au milieu de leur troisième année en 1969, parce que la direction leur refusait de produire le spectacle de leur choix, soit *Pot-TV*, qu'ils jouèrent au Théâtre de Quat'Sous, en juin 1969.

La grève que j'avais dirigée en tant que président des élèves au Conservatoire de Montréal, en 1966, s'inscrivait dans la foulée des revendications de l'ensemble des écoles d'art qui aboutirent à la création de la Commission Rioux sur l'enseignement des arts au Québec. Nous avions exigé des transformations à l'intérieur de notre établissement, mais avions repris les cours après l'annonce, par le gouvernement, de la création de la Commission. Fin de la parenthèse.

Le Devoir, donc, publie le 28 mars deux autres articles tout à fait révélateurs. Déstabilisés par mes prises de position, les ténors de la pratique théâtrale alimentèrent les deux journalistes du *Devoir* affectés à la couverture du congrès du Conseil québécois du théâtre. Voici ces deux articles, qui me semblent cruciaux pour comprendre l'impasse qui persistera pour des années dans cet univers frileux et intouchable, signés par Stéphane Baillargeon et Hervé Guay.

Le Devoir, samedi 28 mars 1998

En pièces détachées

Alors qu'on vient de fêter la Journée mondiale du théâtre, le Conseil québécois du théâtre organise son huitième congrès ce week-end à Montréal. Au programme : une analyse « pragmatique » des problèmes de cet « art collectif », un peu, beaucoup... malheureusement victime de ses succès.

Le théâtre d'ici se porte bien, très bien même, trop bien peut-être... comme vont se le faire rappeler des centaines de participants attendus ce week-end au congrès bisannuel du Conseil québécois du théâtre (CQT). L'organisme, qui est en quelque sorte le forum permanent du théâtre au Québec, regroupe des représentants de toutes les associations d'artistes ou de compagnies.

Le secteur le plus dynamique des arts de la scène québécois (avec la danse, sa proche parente) compte environ 250 compagnies professionnelles dûment enregistrées qui proposent chaque année des dizaines de spectacles pour tous les goûts. À Montréal seulement, chaque belle saison amène son lot d'une soixantaine de productions. Quelle autre petite nation peut se vanter de compter en même temps un Denis Marleau, un Gilles Maheu et puis un Robert Lepage, qui ouvre dans quelques semaines le Harbourfront Festival de Toronto avec le tout nouveau *Geometry of Miracles*, après une tournée finale et triomphale, en Australie et en Nouvelle-Zélande, de ses *Sept branches de la rivière Ota* ?

Pas étonnant que 13,5 millions de dollars des quelque 40 millions en fonds distribués par le Conseil des arts et des lettres aux différents secteurs artistiques aillent du côté des planches. La musique, qui arrive au deuxième rang des secteurs artistiques les plus subventionnés, reçoit 11,8 millions du CALQ. Un peu plus de 90 compagnies dramatiques obtiennent de l'argent de Québec, et une douzaine, de l'Espace Go au TNM, pour la plupart installées dans des salles rénovées récemment à grands frais, se séparent la moitié des subventions. Bon an mal an, ces compagnies subventionnées proposent environ 1400 représentations qui attirent plus d'un demi-million de spectateurs, la moitié des entrées totales au Québec.

Tout irait-il donc pour le mieux dans le moins pire des mondes, comme l'aurait demandé Churchill ? Oui et non. Comme tous les autres secteurs d'activité soutenus par l'État — culturels ou pas, d'ailleurs —, celui du théâtre réclame davantage de subventions, ne serait-ce que pour entretenir ses grandes salles ou pour améliorer le sort de ses premiers protagonistes qui reçoivent au plus 6000 $ pour un premier rôle au TNM. Même les succès sont difficiles à « gérer » au Québec, puisque, au-delà des traditionnelles 25 à 40 représentations, les comédiens retournent à d'autres occupations, souvent plus payantes. Puis, de nouvelles productions prennent le relais, inlassablement. C'est d'ailleurs cette situation de

« cul-de-sac », sur fond de réussite apparente, que le comédien Raymond Cloutier a dénoncée dans les pages du *Devoir* (7 mars 1998, p. A11).

« Le congrès est un lieu de débat et c'est excellent que Raymond Cloutier ait fait valoir ses idées, commente Dominique Violette, directrice du CQT. On peut démolir son argumentation, mais l'artiste doit continuer à porter lui-même le discours artistique et dénoncer ce qui lui semble injuste ou tout ce qui ne va pas. »

Le thème central du congrès du CQT définit d'ailleurs le théâtre comme un « art collectif ». « L'idée, c'est de favoriser les échanges entre toutes les personnes qui contribuent à soutenir le milieu de création, explique Alain Fournier, président du CQT. Le théâtre aussi est victime d'une certaine spécialisation des tâches, et nous voulons permettre aux créateurs et aux administrateurs d'échanger librement sur leur travail en ne perdant jamais de vue l'essentiel, qui demeure la création, la production et la diffusion de spectacles. » Deux groupes de discussion, organisés aujourd'hui et demain à compter de 14 h 30, vont même inviter le public à échanger avec des « théâtreux ».

Le CQT va d'ailleurs dévoiler aujourd'hui, au congrès, certains résultats d'une vaste enquête entreprise au cours des derniers mois auprès d'environ 90 compagnies québécoises. Le portrait de groupe sur tréteau montrerait par exemple que le secteur théâtral ne subit pas de baisse de fréquentation alors que des statistiques de 1995-1996 avaient souligné une inquiétante chute, par exemple du tiers, sur cinq ans, dans la capitale. « Pour l'instant, on demande aux salles d'être pleines, et elles sont pleines», tranche le président du CQT, Alain Fournier, en rappelant que la plupart des grands lieux de diffusion affichent des taux de fréquentation de plus de 80 %. Toutes proportions gardées, le Québec fait mieux de ce point de vue que la France, la Grande-Bretagne ou la Belgique. « Il n'y a pas de crise en ce sens : le milieu est fragile mais le bilan n'est pas négatif », résume-t-il.

Surtout, le congrès a choisi d'aborder les problèmes du milieu de façon plus pragmatique, pour ainsi dire en pièces détachées. Cinq ateliers réservés aux congressistes vont permettre de discuter de l'avenir de la Fondation du théâtre, moribonde ; de la mise en marché de cet art et des tournées à l'étranger ; de la question du perfectionnement et des stratégies potentielles de la relève (« Produire, se vendre ou se faire adopter ? »).

Cet atelier intéressera particulièrement les professionnels rattachés à l'Association des compagnies de théâtre (ACT), qui regroupe une centaine de troupes de tailles et de tendances diverses, du génial Théâtre Ubu à d'obscures et minuscules compagnies des régions. « L'idée de la relève nous fait souvent grincer des dents, dit Alain Monast, qui occupe le siège réservé à l'ACT au CQT. Nos compagnies membres ont une dizaine d'années d'existence en moyenne et à peine une sur cinq reçoit du financement récurrent des gouvernements. Toutes les autres doivent travailler avec des projets ponctuels. »

L'idée de réduire le nombre de joueurs, de réserver les bourses et les subventions à quelques *happy few* lui déplaît aussi au plus haut point.

« L'art ne se gère pas en termes de quotas, tranche-t-il. En disant qu'il y a trop de compagnies, est-ce qu'on veut dire qu'il y a trop d'art, trop de création, trop d'intelligence ? »

Le président Fournier ne croit pas non plus aux vertus de la spécialisation à outrance ni — et à peine — à l'idée de Cloutier de fonder des troupes permanentes sur le modèle de la Comédie-Française. L'expérience a d'ailleurs été tentée par le passé, sous la direction d'Olivier Reichenbach, au TNM, il y a une dizaine d'années, longtemps avant, dans les années cinquante, à ce même endroit et au Rideau Vert.

« Je ne crois pas que beaucoup d'excellents comédiens et de grosses vedettes qui peuvent travailler au cinéma ou à la télé accepteraient de ne faire que du théâtre pour, quoi, 35 000 $ par année », ajoute Pierre Rousseau, directeur du Théâtre Denise Pelletier et représentant au conseil des Théâtres associés inc. (TAI), qui regroupe précisément une douzaine de grands établissements de la province. Il précise aussi que le nombre de spectacles offerts par les grands établissements a été réduit au cours des décennies : le TNM a déjà proposé jusqu'à six ou sept pièces par année ; le Quat'Sous et l'Espace Go ont réduit leur programme à trois volets annuels.

Le prolongement de la durée de vie des spectacles à succès intéresse plus TAI. Une association de diffuseurs de partout au Québec, du TDP au Périscope de Québec, est en train d'être mise sur pied. Les lettres patentes ont été déposées il y a quelques jours à peine. « Un succès chez Duceppe, avec ses 30 000 spectateurs, attire plus de monde que certains films québécois qui coûtent 2 ou 3 millions, affirme Pierre Rousseau. C'est sûr qu'on doit trouver un moyen de passer de 25 à 40 représentations et plus pour les productions qui plaisent. Mais il y a énormément de contraintes. Par exemple, pour partir en tournée, il faut concevoir son décor en conséquence, s'assurer de la disponibilité de tout le monde, etc. »

Il n'y a pas que ce genre de problèmes *intra muros* de la grande famille théâtrale québécoise. Les menaces proviennent maintenant de la volonté de totale libéralisation des échanges culturels et d'abandon des mesures protectionnistes dans le cadre des accords internationaux en cours de négociation, comme l'AMI. Quelle place réserve cette mutation mondiale à cet « art collectif » ?

Là, le CQT renoue avec sa longue tradition de vigilance et de militantisme sociopolitique, qui a toujours marqué son activité depuis 15 ans. « On a perçu assez récemment les dangers pour notre secteur, dit Dominique Violette, mais on va s'activer avec acharnement. C'est bien beau de vouloir améliorer les conditions de création, de discuter entre nous de nos problèmes, de favoriser les échanges internationaux, mais il faut toujours garder un œil sur les transformations en cours dans le monde, qui pourraient bouleverser tout ça et nous plonger au cœur d'une vraie de vraie crise… »

STÉPHANE BAILLARGEON

Le Devoir, samedi 28 mars 1998

Un théâtre en crise ? Quelle crise ?

Du comédien Raymond Cloutier à l'écrivain Claude Jasmin, tous y vont de leur diagnostic pour illustrer la crise du théâtre québécois. Mais on ne s'entend pas sur les causes de cette crise et encore moins quant au remède qu'il faut administrer au malade. Avant de lui faire avaler quelque médecine que ce soit, prenons au moins la peine de mieux établir le diagnostic.

Rappelons les arguments des uns et des autres. Pour Claude Jasmin, la racine du mal est simple : il vient de ce que les créateurs québécois sont déracinés. Pour Raymond Cloutier, le peuple ne va pas au théâtre et les comédiens ne jouent pas assez longtemps. Selon lui, il suffit d'y emmener le peuple et le tour est joué.

Or, cette question du public est centrale. Elle n'a jamais compté autant puisque, désormais, la cote d'écoute fait loi ici-bas. Aussi est-il plus nécessaire que jamais de donner l'heure juste aux amateurs d'art dramatique. Le théâtre peut-il être un art de masse ? Comparer le théâtre aux autres arts de la scène en matière de public n'est-il pas plus approprié ? En vérité, la liste des questions est aussi longue que celle des réponses courtes.

Cependant, les statistiques montrent qu'au cours de la saison 1993-94, dernières données disponibles du ministère de la Culture, 589 301 personnes se sont rendues au théâtre à Montréal. Pour

l'ensemble du Québec, ce sont 948 557 spectateurs. Et ces chiffres ne tiennent pas compte du
théâtre d'été. On est loin des données avancées par
Raymond Cloutier, selon qui les théâtres montréalais attirent 30 000 fidèles, surtout des abonnés et
des initiés.

Cela ne l'empêche pas de prédire qu'en
jouant en alternance les spectacles et en les
offrant plus longtemps, le public passerait de
15 000 à 100 000 personnes par spectacle « à l'occasion de gros succès ». Il invite à imiter Jean
Vilar et son théâtre populaire, oubliant de mentionner que son initiative n'a pas eu de suites et
qu'elle n'est pas parvenue, comme Cloutier le
souhaite, à « remettre le théâtre à ceux à qui il est
destiné, les travailleurs, les enfants, les laissés-
pour-compte ». Il néglige aussi de dire que le
théâtre ne touche nulle part majoritairement les
travailleurs. Quand il parle de faire du théâtre
d'été à l'année pour y drainer le public et qu'il
qualifie de cul-de-sac la situation actuelle, la voie
vers laquelle il veut voir le théâtre québécois
s'engager risque au mieux de l'entraîner dans une
autre impasse. Sans compter que présenter moins
mais plus longtemps n'assure en rien de la qualité
des spectacles ni de la quantité du public rejoint.
S'il s'agit d'un ratage, personne n'y gagnera au
change, pas même les comédiens, moins nombreux encore que maintenant à se partager les
quelques bons rôles qu'une telle situation génére-
rait. Comme les premiers pénalisés seront vrai-
semblablement les jeunes auteurs et les acteurs
moins connus, il est facile d'imaginer à qui profi-
terait cette démocratisation à tout prix.

Pour ce qui est de l'alternance, le Petit Théâtre de l'Île vient d'obtenir le feu vert de la Ville de Hull pour aller de l'avant avec ce principe. Mieux vaut attendre de voir si le public suivra avant d'y donner tête baissée. Signalons qu'ailleurs, l'alternance est pratiquée dans très peu de théâtres, ordinairement des maisons richement dotées comme la Comédie-Française, qui abrite des pensionnaires. Le mot est explicite. Une situation qui n'a rien à voir avec le sous-financement chronique dont souffrent à peu près tous les théâtres québécois.

Fréquentation

De son côté, le Conseil québécois du théâtre met la dernière main à une étude visant à établir des stratégies pour que le public trouve le chemin des théâtres. En mai, nous en saurons plus long sur l'amateur de théâtre ou quant à la manière d'y faire venir ceux qui craignent d'y entrer. Pour le moment, à Montréal, il y a à peu près moitié moins de gens qui se paient un billet de théâtre que de variétés. Est-ce un drame ? Veut-on que le théâtre prenne tous les moyens à sa disposition pour faire autant d'entrées que les humoristes ?

Il faut croire que le côté moins direct, plus transposé du théâtre laisse indifférent une partie du grand public, tout comme le concert, la danse, le cinéma d'auteur n'arrivent pas à rejoindre tout le monde. Mais, selon le ministère de la Culture, le taux de participation des Québécois au théâtre se chiffre à 27,9 % de la population. Un taux supérieur à ce que l'on note en France (14 %), en Grande-Bretagne (25,6 %) et en Espagne (13,4 %). En fait, seuls des pays comme l'Autriche (36 %)

ou la Belgique (31,7 %) font mieux que nous. Au Québec, ce serait même 38,5 % si on incluait le théâtre d'été. On accuse néanmoins le théâtre québécois d'être élitiste.

Il est vrai que certains créateurs québécois éprouvent des difficultés à rejoindre le public. Mais ce n'est pas toujours en allant vers lui que le théâtre rejoint le public. Parlez-en à Pierre Mac-Duff qui confessait que les spectacles des Deux Mondes qui ont le plus tourné sont ceux qui ont le moins tenu compte des contraintes physiques. De quel ordre est la crise que traverse le théâtre québécois ? Le rapport avec le public est un élément dont il faut tenir compte. Mais on aurait tort de procéder à des correctifs sans poser le problème dans toute sa complexité.

HERVÉ GUAY

Voilà, tout va pour le mieux dans le meilleur des mondes. Nous sommes la plus talentueuse des petites nations (sic) et nos 90 compagnies subventionnées jouent 1400 fois pour un demi-million de spectateurs, tandis que l'autre demi-million fréquente les 160 compagnies non subventionnées. Seul petit problème : les spectacles ne sont joués qu'une trentaine de fois et les comédiens ne reçoivent en moyenne que 6000 $, pour 3 mois de travail.

«Pour l'instant, on demande aux salles d'être pleines et elles sont pleines.» «Le Québec fait mieux que la France, la Grande-Bretagne et la Belgique», dit, sans rire, Alain Fournier, président du CQT.

Ce discours triomphaliste est basé sur des statistiques du ministère de la Culture et des Communications qui veulent nous faire avaler que 27,9 % de la population du Québec passe dans le tourniquet des théâtres : 1 926 000 spectateurs différents, l'hiver seulement ! Ce chiffre passerait à 38,5 % si on incluait le théâtre en été, soit 2 695 000 spectateurs. Soudainement, les chiffres du début viennent presque de tripler. Nous serions alors les plus grands consommateurs de théâtre de la planète, la nation (*sic*) la plus cultivée de la Terre.

Comment des journalistes, si vigilants, si intelligents, ont-ils pu se faire endormir de telle façon ? Y avait-il derrière ce bulldozage de la réalité une *vendetta* à mon endroit qui a pu aveugler momentanément l'esprit, ailleurs si pointilleux, de ces journalistes ? Comment ont-ils pu laisser induire les lecteurs du *Devoir* à croire à de telles proportions de fréquentations, impossibles à atteindre dans quelque réalité culturelle ou géographique que ce soit ?

Affirmer sans sourire que notre fréquentation est trois fois plus importante qu'en France, faut le faire ! De plus, je n'ai écrit nulle part qu'il fallait « transformer nos théâtres en Comédie-Française », je n'ai jamais suggéré de faire « du théâtre d'été à l'année ».

Qu'est-ce que ce journalisme qui affirme citer ce qui n'a pas été écrit ? Quelqu'un, quelque part, tenait absolument à faire reculer un débat, ou à l'occulter ? Pourquoi se porter en haut-parleur de ceux qui n'ont pas eu la décence et le courage de me répondre par écrit ?

Pierre Rousseau, le directeur du Théâtre Denise Pelletier, ajoute que peu de comédiens accepteraient de gagner 35 000 $ par année à ne faire que du théâtre. Je peux le rassurer. À part nos acteurs enfermés à l'année longue au petit écran, tous les comédiens accepteraient ce salaire annuel garanti pour une activité qui les passionne. Ce qui ne les empêcherait aucunement de glisser à leurs agendas nombre d'autres activités pour arrondir leurs fins de mois. Agenda qui serait plus facile à gérer si les spectacles avaient une durée et si on n'était plus dans l'obligation de courir dans toutes les salles de répétitions de la ville pour générer deux fois moins de sous en travaillant deux fois plus. Et où M. Rousseau prend-il ce montant de 35 000 $ alors qu'il en gagne au moins deux fois plus pour faire ce qu'il aime à l'année ? Nos acteurs et actrices importants ne mériteraient-ils pas un salaire proche de celui de nos directeurs de compagnie ? Avant de fermer la porte à mes solutions, que les directeurs de compagnie se renseignent auprès des finissants de nos écoles de théâtre. Qu'ils offrent à des acteurs et actrices des garanties de 70 à 100 représentations avec des cachets de 400 $ et plus par présence sur scène, et nous verrons bien !

Ils savent, aussi bien que moi, que tous sauteraient sur l'offre. Enfin, une année stable, planifiée, calme et offrant les conditions normales de la création.

Qu'est-ce qu'ils ont, tout à coup, ces responsables des grandes compagnies à tenir *mordicus* au *statu quo* ? Il ne s'agit pas d'une démocratisation à tout prix, mais d'une volonté d'ouvrir la

voie à la notion de théâtre public. Qu'on demande aux compagnies subventionnées d'aller
ratisser un plus large auditoire, de tenter d'in-
fluer au plus vite sur le ministère de l'Éducation
pour rendre obligatoires dans les programmes du
primaire et du secondaire l'étude et la fréquentation d'au moins deux pièces par année dans tous
les établissements de tout le Québec, de provoquer des rencontres avec les grands syndicats
pour convier ce public dans nos salles, d'inventer
des solutions pour prolonger, dans les théâtres
mêmes, et non en tournée, la vie des spectacles,
ne me semble pas une proposition dangereuse
pour la survie de nos compagnies. Alors pourquoi une telle agressivité à mon endroit? Pourquoi une telle charge dans laquelle, en déformant
mes propos, on en vient à demander de tout laisser en l'état puisqu'on nage dans le plus que par-
fait?

Il est aberrant qu'on en vienne à poser des
questions telles que: «Le théâtre peut-il être un
art de masse?» comme si nous pouvions détermi-
ner soudainement que Molière, Shakespeare,
Sophocle, Williams, Dubé et des centaines d'autres auteurs populaires doivent quitter nos pratiques sous prétexte que trop de public les fré-
quenterait et que cela risque de diminuer la
notion, la conception mêmes que ces messieurs-
dames se font du théâtre. Et dire que nos élites
politiques, apeurées, mal renseignées, avalent de
telles couleuvres et privent les honnêtes citoyens
d'une intervention énergique pour forcer les compagnies à ouvrir leurs scènes à tous les artistes
et leurs salles à tous les citoyens. D'un côté, ces

journalistes affirment, sans douter, que le théâtre, en hiver, est fréquenté par 30 % de la population, et de l'autre, sans broncher, ils craignent la venue d'un théâtre de masse.

Alors que mon intervention ne visait qu'à prolonger les spectacles existants en tentant d'inventer des formules plus souples pour accommoder les spectateurs qui d'année en année perdent l'intérêt faute d'être conviés à la parade, incapables de suivre notre incessant carrousel, je me retrouve au centre de la plus profonde des questions : « Veut-on que le théâtre prenne tous les moyens à sa disposition pour faire autant d'entrées que les humoristes ? » Voilà le magnifique résumé de mon analyse et de mes pistes de solutions par le critique officiel du *Devoir*.

C'est précédé de ces deux articles que je me suis présenté au débat du CQT au cégep Maisonneuve, le dimanche 29 mars à 17 heures. Je n'ose pas publier ici une retranscription des débats. Que ceux qui voudront vérifier mes souvenirs aillent se farcir ces bandes sonores, moi je n'en ai pas le courage.

« Pourquoi es-tu allé écrire ça dans le journal ? T'aurais dû venir nous en parler ! » lance une directrice administrative de compagnie.

« T'es un homme de droite parce que tu veux couper l'offre et diminuer la création ! » me crie un employé du Conseil régional de développement de l'Île de Montréal.

« Tu veux enlever des rôles aux acteurs qui crèvent déjà de faim ! »

« Tu nous prends pour des cons, nous qui faisons des relations de presse ! »

« C'est ça, on va seulement produire des pièces comiques et des comédies musicales comme à Broadway ou à Toronto ! »

« Si on n'avait pas nos abonnés, on ne pourrait pas monter la pièce difficile qu'on joue en ce moment ! »

Au fond de la salle, je reconnaissais des scénographes, des acteurs, des responsables de troupe alternative ou marginale qui, je le voyais bien, étaient d'accord avec mon constat : Les institutionnels prennent toute la place et sollicitent tout le public disponible actuellement, les artistes crèvent de faim, les fonctionnaires de ces compagnies vivent bien et les abonnés sclérosent la pratique et la diffusion.

Je me suis défendu comme à mon habitude, sans calme et sans stratégie. L'esprit triste, un mauvais goût dans la bouche, j'ai su, ce jour-là, qu'il n'y avait rien à faire, que tous ces responsables des grandes compagnies avaient la main haute sur leurs employés. La plupart des concepteurs et des acteurs allaient préférer se taire, de crainte de perdre de futurs emplois. Pourtant, Louise Turcot, qui fut une des premières actrices à me soutenir publiquement, a joué après dans L'oiseau vert au Théâtre du Nouveau Monde. Mais la peur avait fait son œuvre chez la plupart d'entre nous et elle sera longue à déloger.

Si l'ensemble des praticiens qui m'ont démontré leur complicité en privé avaient clamé haut et fort leurs difficultés et leurs besoins, nous n'aurions pas cette image d'un milieu figé et faussement uni derrière cette version béate de la situation.

Les porte-parole de notre beau milieu ne représentent qu'une faible proportion de ses composantes. Malheureusement, terrorisés ou désenchantés, la plupart de mes condisciples sont résignés à passer le restant de leur vie d'artiste dans la même situation cul-de-sac. Ces responsables des grands théâtres qui prétendaient œuvrer pour changer la vie, mobiliser les citoyens, élever les consciences, mettre l'imagination et la joie au pouvoir étaient d'une tristesse et d'une résignation telles, que je sus que j'avais donné un coup d'épée dans l'eau et que l'on préférera toujours monter *Don Quichotte* que de le voir surgir près de soi !

Je reconnus quelques braves et téméraires complices désespérés, déjà au ban de certaines compagnies, qui demandaient à l'assemblée d'au moins reconnaître qu'il y a un problème et de trouver des solutions pratiques applicables bientôt. Peine perdue. La transformation tant souhaitée viendra d'ailleurs et dans un autre temps lorsque l'ensemble des directions artistiques de toutes ces compagnies auront pris leur retraite, que les fonctionnaires de la culture guidés par un gouvernement audacieux et éclairé exigeront de ces théâtres publics de vrais résultats quant à la diffusion de la culture dans toute la population au même titre que l'éducation. D'ici là, le milieu s'encensera officiellement tout en s'automutilant en coulisse, les critiques seront flattés d'être les gardiens de la beauté et les fonctionnaires resteront forcés de reconduire le *statu quo* en décourageant pour cause de mauvais diagnostic toutes les nouvelles initiatives de réorganisation de la diffusion.

Le fol espoir, que j'entretenais secrètement, de voir se répéter bientôt les États généraux du théâtre de 1968, qui avaient si énergiquement bousculé toutes nos pratiques, s'envola dans la minceur des propos et la défense injustifiée du *statu quo*.

VI

Le couteau

L a grenade, le coup derrière la tête, le couteau lancé dans la nuit m'est venu du coin du ring où je ne voyais aucun combattant. Ce coup m'a fait mal et m'a ouvert les yeux pour longtemps.

Une semaine plus tard, le Nouveau Théâtre expérimental faisait paraître sa nouvelle publication, *L'Organe*. Le soir même, un ami, qui assistait au lancement, en dépose une copie, durant mon sommeil, dans ma boîte aux lettres. Le lendemain, au réveil, je découvre, horrifié, sous la plume de Jean-Pierre Ronfard, l'article que voici :

L'Organe, mercredi 8 avril 1998

Théâtre populaire et payeurs de taxes

Beaucoup de propos sur le théâtre que j'ai relevés récemment me semblent inconsidérés, faussement exaltés ou tout simplement idiots. En tout cas, soumis à une mode qui semble inspirer nos penseurs du dimanche : le dénigrement systé-

matique de l'art théâtral tel qu'on le pratique
aujourd'hui au Québec. Et l'on pointe du doigt les
vices qui le mènent au cul-de-sac : trop de cons-
tructions ou d'aménagements de lieux théâtraux.
Trop de créations. Nombrilisme des créateurs.
Hermétisme. Élitisme. Internationalisme. Mépris
du peuple.

Eh oui ! Le peuple a bon dos, surtout lorsque,
pour soutenir une pensée débile, on le confond
avec la masse des payeurs de taxes, ce qui est
l'indice quasiment infaillible de la démagogie.

Nos défenseurs des payeurs de taxes sont, au
fond, à retardement et sans s'en rendre compte,
des adeptes du capitalisme libéral à la Reagan.
Pour eux, la création artistique n'est pas autre
chose qu'une entreprise commerciale dans
laquelle on n'investit de l'argent que si on compte
en tirer des résultats chiffrables. Et les chiffres
s'en donnent à cœur joie ! « … avec quelques centaines de millions de dollars on aurait dû obtenir
trois Gratien Gélinas, six Marcel Dubé, huit
Michel Tremblay » (Claude Jasmin, *Le Devoir*,
3 mars 1998) et Raymond Cloutier (*Le Devoir*,
7 mars, 1998) jongle avec aisance entre les
30 000, 15 000 et 100 000 spectateurs « fidélisés ». Vocabulaire du clonage et du marketing. Et
pour conclure, c'est l'appel au gouvernement, qui
est comme chacun le sait le guide et le gardien du
peuple : Stop ! Ne gaspillez pas l'argent du
peuple. Plus de subventions ! Ni pour le théâtre, ni
pour l'art en général. Ni pour les conservatoires
(où tu fus directeur, mon cher Raymond), ni pour
les maisons d'édition (qui publièrent vos livres,
Claude Jasmin). Et dirons-nous, pour continuer

dans cette logique aberrante, puisque les Québécois lisent peu (statistiques et pourcentages à
l'appui, évidemment), il faudrait exclure la cons-
truction de toute nouvelle bibliothèque ou la
modernisation des anciennes et, en plus, n'y
admettre que les romans d'amour populaires ?
Puisqu'il n'y a que quelques centaines de mélo-
manes « fidélisés », saborder le plus tôt possible
l'Orchestre symphonique ? Puisqu'il n'y a que,
disons, 27 % des citoyens qui attrapent le cancer,
les 73 % restants, qui paient des taxes pour des
soins dont ils ne profiteront jamais, devraient ou
se débrouiller pour tomber malades ou faire la
grève de l'impôt ! En fait, il y a dans cette stupide
pensée réactionnaire une incitation pour les gouvernements d'aujourd'hui et de demain, quelle
que soit leur couleur, à évoluer vers une privatisation radicale et généralisée qui, une bonne fois
pour toutes, les libérerait de responsabilités déli-
cates. Privatiser tout ce qu'en d'autres temps on
voulait appeler services publics : moyens de transport, voirie, santé, éducation, culture, justice, pri-
sons, police, armée... Pourquoi pas ? Ça a déjà
commencé. On va bientôt y arriver. Est-ce ce que
vous souhaitez ? Est-ce là votre conviction politique ? Vous battriez-vous pour cet idéal exaltant ?

Curieusement, la morale populiste néolibé-
rale que vous défendez, l'appliquant au théâtre,
rejoint le dirigisme soviétique façon Jdanov : un
théâtre pour le peuple, traitant de problèmes populaires avec des acteurs populaires conscients de la
mission collective du théâtre et excluant les élucubrations obsolètes de déconnectés internationalistes. Dommage (hein ?) que le goulag n'existe pas

dans nos sociétés avancées. On y enverrait les Asselin, Maheu, Lepage, Marleau, comme on le faisait allégrement, du temps du petit père Staline, avec les Meyerhold, Pasternak, Soljenitsyne, tous des déviationnistes, élitistes, bourgeois, de damnés individualistes qui, volant l'argent du peuple, méritaient bien l'enfer qu'on leur avait préparé !

JEAN-PIERRE RONFARD

Mon sang ne fit qu'un tour. Je tapai la lettre qui suit et la remis à une comédienne qui partait, le jour même, avec Ronfard, donner quelques représentations de *Sade au petit déjeuner* en Belgique.

Je me permets de publier cette lettre, tout à fait personnelle, car après six mois je n'ai reçu aucune réponse de cet homme qui avait jusque-là toute mon amitié. J'avais effectué avec lui un tournage très émouvant à Cracovie l'année précédente. Dans nos temps libres, nous avions longuement discuté de la structure de diffusion du théâtre dans cette ville récemment libérée de l'hégémonie soviétique. Nous avions tourné plusieurs scènes ensemble dans *Ces enfants d'ailleurs* et je le croyais, à tort, complice de mon analyse comparative des processus de diffusion à Cracovie et à Montréal, et du danger des incessants changements d'affiches dictés par notre système d'abonnement.

Là-bas, cinq troupes occupant chacune trois scènes pratiquaient l'alternance systématique. La grande scène était consacrée au répertoire classique national et international, une autre scène

mitoyenne programmait un répertoire plus léger
ou plus populaire, et enfin chaque troupe dispo-
sait d'un lieu de recherche et d'expérimentation.
Les acteurs voyageaient d'un plateau à l'autre
toute l'année. Ils étaient responsables d'un premier rôle ici, d'une figuration là et de la doublure
d'un rôle majeur en cas de maladie ou d'un
empêchement du tenant du rôle.

Le jour même de mon arrivée à Cracovie, je
tournais, dans un restaurant de la place du Marché. L'acteur qui jouait le serveur avait été libéré
de sa représentation du soir dans *Macbeth*. Il
m'invita à assister le lendemain, dans un petit
théâtre aménagé dans les catacombes sous la
Grande Place, à un cabaret expérimental qui
connaissait un succès depuis six mois. Les acteurs
s'y relayaient dans un agenda organisé par la
direction de la troupe.

À mon grand étonnement, son employeur
l'avait libéré pour le tournage. Il l'avait fait remplacer par sa doublure dans *Macbeth* et, qui plus
est, recevait le chèque de sa participation au film
et l'inscrivait au salaire mensuel de cet acteur. La
troupe faisait office d'employeur, d'agent, de
comptable et de gérant.

J'ai vu dans cette ville, non seulement à la
scène mais aussi à mes côtés, des acteurs calmes
et concentrés. Pas étonnant. Ils ne sont pas constamment écartelés entre deux et trois emplois,
obligés de négocier des départs hâtifs ou des
absences à des répétitions, sans parler des repas à
la hâte et de l'impossibilité de planifier un tant
soit peu une vie de famille normale. Ils reçoivent
un salaire mensuel de base, auquel s'ajoutent un

montant pour chacune de leurs représentations (un maximum de 18 par mois) et les cachets qu'ils obtiennent de la radio, du cinéma ou de la télévision. Je croyais rêver.

On peut donc aisément comprendre que, à la lecture du texte de Jean-Pierre Ronfard, je me sois senti trahi. Ce n'est que quelques jours plus tard que j'appris que son Nouveau Théâtre expérimental venait de vendre au Théâtre du Nouveau Monde une production clé en main du défunt Robert Gravel, intitulée *Durocher le milliardaire*. Je compris encore moins. N'aurait-il pas souhaité que cette œuvre, populaire s'il en est une, puisse s'inscrire dans le répertoire du TNM et être jouée tout au long de l'année ? Ou bien montait-il à son tour au front pour préserver ses contacts rentables avec les grandes compagnies qui l'emploient à l'occasion ? J'espère de tout cœur comprendre un jour comment ce bonhomme a pu me traiter de « néolibéral soviétique » (*sic*) sans tenir compte de l'historicité de nos démarches respectives.

Montréal, 9 avril 1998

Jean-Pierre,

Je viens tout juste de lire ton pamphlet virulent. Je n'en reviens pas. As-tu lu mon texte, tout mon texte ? D'abord, que tu me confondes avec Jasmin qui m'a cité pour servir sa cause me désole. Ton manque de rigueur intellectuelle vient d'entraîner un dérapage inimaginable. Ma sortie publique

demandant aux huit théâtres institutionnels
d'arrêter le carrousel et de permettre aux
amateurs de théâtre d'aller fréquenter leurs
productions s'inspire d'une volonté de
démocratisation de la culture. Que tu sois
opposé à cela me désole et me révèle une
facette de ta personnalité artistique que je ne
connaissais pas. Je n'ai jamais demandé la
privatisation des théâtres, ou la baisse des
subventions. Où as-tu lu cela ? Je n'ai jamais
dénoncé quelque esthétique que ce soit. Au
contraire, mon désir de calmer la volonté
productiviste des institutionnels vise à favoriser l'augmentation du public et, par voie de
conséquence, à libérer des spectateurs de la
camisole de l'abonnement mensuel pour leur
permettre de visiter toutes les autres expériences. Je suis assommé par tes calomnies,
ton révisionnisme. Me traiter de réactionnaire !

Ou bien tu es malhonnête, ou bien tu
délires. Continue de faire le grand prêtre et
d'encourager l'appauvrissement des acteurs
de théâtre en les convainquant que mon projet est réactionnaire. Si je demande aux gouvernements d'accueillir favorablement des
propositions qui favoriseraient la diffusion, si
je suggère à certaines compagnies de songer à
l'alternance pour favoriser la fréquentation, si
je m'élève contre le sort fait aux acteurs brûlés à force de courir d'une production à l'autre pour gagner moins que les assistés
sociaux, si je souhaite que tous les amoureux
de théâtre puissent aller voir nos produc-

tions, je me fais chier dessus par le petit pape qui s'amuse dans sa caserne et se fout du sort des artistes qu'il côtoie. Dans quel monde vis-tu, Jean-Pierre ? Je t'avais parlé de tout cela à Cracovie ! J'en conclus que tu es d'accord avec la situation actuelle, que notre système fermé de diffusion te fait plaisir, et que tu me mets dans le camp des staliniens (*sic*) pour oser soutenir ma cohérence. Je répète la même chose depuis le Grand Cirque et je devrais maintenant me taire parce que le pope mélange l'horreur historique et la situation du théâtre à Montréal.

Es-tu d'accord que nos acteurs ne pourront jamais être formidables si on continue à les faire jouer si peu ? Es-tu d'accord avec les dépenses somptueuses du théâtre imagiste alors que les interprètes n'ont pas de quoi payer leur loyer ? Qu'est-ce qui te prend ? Es-tu devenu si gaga que plus rien ne doit bouger hormis les chaises dans ton théâtre ? Tu prends effectivement la défense du théâtre embourgeoisé. Tu as le droit, et je n'oserais te traiter de réactionnaire pour cela.

Si le système de santé est universel, le théâtre peut-il l'être, ne serait-ce qu'un peu plus ? Je savais que tu n'étais pas d'accord avec moi lorsque je t'exprimais que les théâtres-clans, les théâtres-familles, les tribus institutionnelles m'irritaient. Je comprends ton discours sur les communautés créatrices, mais je n'admets pas que les acteurs et actrices d'ici soient exclus des scènes parce qu'ils ne lèchent pas le cul de ceux qui les dirigent.

Je demande qu'on puisse auditionner dans ces compagnies qui sont subventionnées à 50 % de leurs revenus. Sinon, elles sont des entreprises privées redevables à personne si ce n'est à leurs petits amis. Mais ton cas est différent. Je ne parle toujours que des huit compagnies institutionnelles. Je t'envoie un deuxième texte que je publierai bientôt et qui éclairera ta lanterne drôlement amochée.

R. C.

VII

Le messager

L e jour même où je fis parvenir cette triste missive à Jean-Pierre Ronfard, je ramassai un exemplaire du journal *Voir* pour passer le temps tout en mangeant à la pizzeria de mon quartier. Le journaliste Luc Boulanger, qui m'avait drôlement écorché lorsque j'avais produit, en y perdant toutes mes économies de l'époque, la pièce d'Arthur Miller *Comme une histoire d'amour* à L'espace Go en 1995, y signait un article intitulé: «L'" affaire " Cloutier — La loi du silence». Je m'attendais au pire. Une autre taloche et je m'effondre. Seuls quelques proches amis me connaissent suffisamment pour savoir que sous mes allures fantasques, mes coups de gueule intempestifs, mon ton péremptoire et mes épaules carrées se cache un enfant fragile, inquiet, presque naïf et pas solide pour deux sous. J'ai entrepris cette bataille, convaincu que les appuis viendraient de toutes parts, que le soutien, l'encouragement, les complicités compenseraient pour mon manque d'assurance et de stratégie. Je rêvais d'un dévoilement, comme lorsque l'on découvre sous la toile ordinaire le chef-d'œuvre inattendu. Je crois profondément qu'à l'intérieur de notre production théâtrale actuelle se cache une aventure culturelle insoupçonnée. Tant de talents, d'énergie, de créativité détournés de leur but premier par une erreur de signalisation. La caravane se dirige vers le désert parce que les éclaireurs ont perdu la carte, le plan. On ne se rappelle plus pourquoi on avait entrepris le voyage, ni de la destination première. Un feu a été allumé, il brûle toujours, il réchauffe le premier cercle, mais personne ne passe le flambeau à ceux qui grelottent à l'arrière. Si nous étions des milliers de ferrailleurs pour propulser l'art dramatique dans les moindres recoins, si nous revendiquions, nous, acteurs et actrices, le droit inaliénable de vivre de notre expertise, si nous cessions tous ensemble d'avoir peur et de nous laisser dessécher, humilier, ruiner par les tenants du *statu quo*, les profiteurs du merveilleux système actuel, nous pourrions exiger de nos élites politiques des engagements fermes pour l'établissement de troupes professionnelles de théâtre partout sur le territoire, et l'intervention musclée auprès de ces compagnies publiques qui nous exploitent et se moquent impunément de leur véritable mission.

Après quelques bouchées de pizza, je me résolus à lire ce papier. Quelle ne fut pas ma surprise d'y découvrir ce qui dormait dans mon inconscient depuis quelques jours. Notre beau milieu, notre société spectacle m'avait digéré comme elle digère tout ce qu'elle peut se mettre sous la dent. Nous n'avançons pas parce que notre appétit transforme toute passion en faits divers, toute idée en babillage, et tout message en messager. L'article de Luc Boulanger m'apporta un certain réconfort, mais le désespoir s'est installé depuis et je crains fort qu'il nous faille atteindre des limites tragiques avant le réveil brutal. Nous sommes tous obligés, par la culture médiatique, par la peur économique, de nous isoler, de nous taire, d'accepter l'inacceptable, de tenir pour acquis ce qui est et de remiser dans le dossier des rêves et de la folie ce qui pourrait être.

Voici un papier fort révélateur et tout à fait pertinent qui ne cesse de me hanter depuis. J'avoue ne pas connaître la solution pour stopper cet implacable rouleau compresseur qu'est le corporatisme, ce ciment de notre beau milieu (variétés, humour, disques, livres, comédies musicales, radio, télévision, cinéma, théâtre) contrôlé depuis des décennies par le même petit noyau et qui passe à ses rejetons, de génération en génération, le même flambeau éteint.

Voir, jeudi 9 avril 1998

L'«affaire» Cloutier — La loi du silence

Publiée il y a un mois, la lettre ouverte du comédien Raymond Cloutier a fait couler beaucoup d'encre. Mais n'a provoqué aucun véritable débat d'idées sur la pratique du théâtre au Québec. Pourquoi ?

Voilà un mois, Raymond Cloutier écrivait un texte polémique dans le journal *Le Devoir*. Le comédien s'en prenait à l'«élitisme du théâtre montréalais», à la «dictature des abonnés», aux problèmes de diffusion du répertoire, à la trop grande quantité de productions de pièces de théâtre par rapport à leur courte existence (un spectacle tient l'affiche 24 représentations en moyenne).

En résumé, Cloutier sonnait l'alarme, déclarant que «le théâtre montréalais est dans un cul-de-sac», qu'il est scandaleux que le «bon peuple» boude ses salles, et que le système actuel fait le bonheur d'un groupe de «*happy few*».

Tout était en place pour un débat. Car Cloutier, l'ex-acteur rebelle du Grand Cirque Ordinaire qui voulait, à 20 ans, changer le monde en montant sur les planches, a commis un geste rare et important : il a brisé la loi du silence du milieu théâtral. Soyons franc : les problèmes soulevés par son texte ne datent pas d'hier. Plusieurs acteurs, concepteurs et metteurs en scène remettent également en question les pratiques de leur métier. Mais cela en privé, ou par la bande. Jamais publiquement.

Or, ce débat n'a pas eu lieu. Bien sûr, l'article de Cloutier a fait des vagues et le tour des compagnies montréalaises. Les directions artistiques ont été secouées, puis elles ont fait les gorges chaudes (toujours en privé). L'acteur a été invité à des émissions de radio et de télévision. (Pour une fois qu'il se passe quelque chose dans le merveilleux monde du théâtre, les médias en parlent...) Julie Snyder l'a applaudi. Anne-Marie Dussault lui a donné l'écran pendant une heure. Nathalie Petrowski lui a consacré une chronique entière. Mais, de débat véritable, *niet* !

Si nous avons beaucoup entendu le nom du comédien depuis quatre semaines, nous avons peu discuté de ses idées. Car, au Québec, les débats culturels ne se font pas avec des idées mais avec des personnalités. Ils sont toujours réduits à une question d'individus : l'affaire Charlebois, l'affaire Lévesque, l'affaire Rossignol, l'affaire Noiseux… et ils ne provoquent jamais de discussions de fond sur des problèmes et des enjeux réels. C'est plutôt la foire d'empoigne !

Pourtant, le théâtre est l'art de la parole. Pourquoi donc ses artisans, si habiles avec les mots sur les planches, craignent-ils tant de s'exprimer publiquement sur les « vraies affaires » ?

En cela, la communauté théâtrale ressemble aux autres secteurs de notre société. Comme les politiciens ou les journalistes, les artistes québécois se complaisent aussi dans le corporatisme. Il ne faut jamais se remettre en question. Plutôt mourir ! Ou dénigrer les trouble-fête…

Au Québec, chaque fois qu'un individu ose exprimer une idée personnelle, on attaque ce qu'il EST et non ce qu'il DIT. C'est ce qui arrive présentement à Raymond Cloutier. Aux yeux de ses pairs (Jean-Pierre Ronfard, Pierre MacDuff, entre autres), il est devenu un démagogue, un populiste, un réactionnaire, un idiot, un comptable, un penseur du dimanche, un défenseur du néolibéralisme, un nostalgique du théâtre pour le peuple, à la soviétique… À l'image des mauvaises tragédies grecques, les artisans de notre théâtre préfèrent tuer le messager au lieu d'écouter son message.

Certes, tout n'est pas réaliste, ni réalisable, dans les propos de Cloutier. Le tableau qu'il brosse est inexact. Le théâtre, à Montréal, est moins réservé aux « *happy few* » que Cloutier ne le prétend, chiffres (erronés) à l'appui — quoique je vous défie de trouver dans votre entourage une personne qui ait vu 10 pièces la saison dernière… Contrairement à ce que l'acteur écrit à propos de la « mission collective du théâtre », Jean Vilar ne défendait pas un théâtre « populaire » mais « élitaire ». Il disait : « Oui, le théâtre plaît à une élite… Mais cette élite se retrouve dans toutes les classes sociales. »

Enfin, sans parler des contraintes techniques, le projet d'alternance des pièces du répertoire au TNM est utopique. Montréal ne se compare pas à Paris, Londres ou New York. On ne viendra jamais dans la métropole, l'été, pour voir du Shakespeare ou du Tchekhov. Question de population, de géographie, d'histoire, et d'attraits touristiques et culturels. Ce n'est pas demain la veille que des amateurs vont acheter des forfaits vacances-théâtre pour Montréal, à l'instar de ceux offerts pour Broadway ou le West-End. À moins qu'à notre insu, des touristes japonais ou allemands ne se meurent de voir Luc Picard et Pascale Bussières au TNM !

Toutefois, le pamphlet de l'ex-directeur du Conservatoire d'art dramatique de Montréal a de quoi faire réfléchir la communauté théâtrale. Par exemple, Raymond Cloutier soutient que d'obliger les acteurs à se limiter à 24 représentations par pièce (succès ou non), « c'est les condamner à ne jouer que des clichés, utiliser leurs tics, les forcer à développer une personnalité théâtrale, un personnage passe-partout ». Pourquoi le Conseil québécois du théâtre (CQT), lors de son dernier congrès, fin mars, n'a-t-il pas profité de l'occasion pour demander à des comédiens connus de discuter de cette question? Cela aurait sans doute été plus constructif et profitable qu'un *panel* sur «l'écologie du théâtre», avec une douzaine de praticiens de divers horizons qui s'écoutent parler.

Le CQT n'a pas complètement évacué la critique lors de son congrès. À la dernière minute, il a invité Raymond Cloutier à une table ronde, le 29 mars. Le «lobby du théâtre» s'est inscrit en faux contre sa venimeuse lettre. Certains ont joué aux vierges offensées. D'autres ont critiqué sa «logique comptable» et évoqué la notion du risque inhérent à toute production. Puis, les congressistes se sont quittés, en priant pour que cesse le dénigrement systématique de l'art théâtral.

Tout était en place pour un débat... Mais, encore une fois, la loi du silence a eu raison des rêves et des idées...

LUC BOULANGER

VIII

Dernier essai

C e deuxième texte que j'acheminai en primeur à Jean-Pierre Ronfard fut rédigé à la suite de ma participation au congrès du CQT et il devait paraître dans *Le Devoir* du 16 avril. Il me fallait absolument réfuter tout ce qu'on m'avait imputé et que je n'avais ni écrit ni même envisagé. Mais avant d'y mettre le point final, je reçus un appel du professeur Daniel Latouche, qui m'offrait de consulter un ensemble de données colligées par l'Institut national de recherche scientifique du Québec (INRS-Urbanisation). Sondages, études de marché, rapports de fréquentation des arts de la scène, colloques divers, bref une masse d'informations que je parcourus rapidement pour y découvrir un ensemble de chiffres contradictoires et sans fondement méthodologique.

Daniel Latouche et moi avons convenu qu'il publierait un article dans *Le Devoir*, précédant le mien et recontextualisant les différentes études et statistiques qui circulaient dans notre milieu et celui des fonctionnaires de la culture. C'est ainsi que parurent nos deux textes, l'un le mercredi et l'autre le jeudi, après le congé de Pâques 1998.

Le Devoir, mercredi 15 avril 1998

La vraie question soulevée
par la sortie de Raymond Cloutier :
Montréal, métropole culturelle ?

Se pourrait-il que cette tempête dans notre verre d'eau théâtral soit le signe d'un malaise quant à la place de Montréal dans le système culturel québécois ?

Ce n'est pas faire insulte aux nombreux talents de Raymond Cloutier que de suggérer que les réactions au texte qu'il faisait récemment paraître dans *Le Devoir* (« Le théâtre québécois est dans un cul-de-sac ») ont été dans l'ensemble plus « intéressantes » et certainement plus « théâtrales » que le texte lui-même.

Ne voulant pas subir le même sort, je m'empresse donc de faire connaître immédiatement mes couleurs : le théâtre montréalais est le meilleur du monde, nos comédiens sont les meilleurs de la planète (sauf Cloutier évidemment), nos politiques du théâtre sont extraordinaires, notre public aussi. Les décors ? Formidables, les décors. Les salaires aussi. Tout le monde est heureux. Ne changeons surtout rien. Le néolibéralisme ? Quelle horreur !

Un doute subsiste dans votre esprit ? J'ajouterai que je suis contre la réduction de l'offre théâtrale, pour l'augmentation du nombre de pièces, contre la privatisation des moyens de production (artistique), pour les subventions, contre les critères quantitatifs, le mercantilisme, le populisme et tous les *ismes* que je ne connais pas.

Bref, je suis de gauche, progressiste, social-démocrate et en faveur des services publics. Et s'il est vrai que je n'apprécie guère les pièces où je suis la seule personne à ne rien comprendre, je persiste aussi à ne pas fréquenter les théâtres d'été (désolé, Raymond).

Qu'un de nos bons comédiens en soit arrivé à se faire traiter de «rueur-dans-les-brancards-professionnel» — c'est ainsi que je l'ai entendu décrire — parce qu'il avait suggéré d'augmenter le public du théâtre afin de mieux faire vivre ceux qui y travaillent témoigne de la grande facilité avec laquelle on peut passer pour «révolutionnaire» dans cette société. C'est presque insultant pour les vrais professionnels de la provocation.

Raymond Cloutier trouve qu'il manque des «morceaux» dans l'univers du théâtre à Montréal. Il a fait quelques suggestions en ce sens. S'il a des torts, c'est de n'être pas allé assez loin. Il nous faut plus de théâtre à Montréal, du théâtre en anglais, du théâtre l'été et du théâtre d'été, du théâtre de répertoire, un théâtre national, du théâtre à la télévision, du théâtre de cirque et de variétés, du théâtre politique, du vaudeville, du théâtre musical. Sa pauvre petite suggestion d'avoir aussi du «théâtre plus longtemps» n'est qu'une suggestion parmi d'autres. Ah! oui, j'oubliais: il faudrait aussi du jeune théâtre, du théâtre de Québec et de Rimouski, du théâtre privé et du théâtre subventionné. Pour ce qui est du théâtre religieux, je ne suis pas certain.

Le signe d'un malaise

Cela étant dit, il est évident que la violence des réactions à une proposition aussi innocente,

celle d'augmenter la durée de vie des pièces qui
rencontrent un succès auprès du public, cache
quelque chose. Mais quoi ?

De l'inquiétude ? Sans doute. Une certaine
dose de corporatisme ? Probablement, encore que
l'on est toujours le corporatiste de quelqu'un. De
l'élitisme et de l'hermétisme ? Je ne le crois pas.
Avons-nous même des élites culturelles au
Québec ? Un mépris de soi et de tout ce qui est
québécois sous prétexte que c'est mieux à
Ottawa, à Paris, à New York ou à Avignon ? Tiens,
c'est drôle, mais celle-là n'est pas sortie.

Si quelqu'un — je ne le lui recommande pas
— y allait de suggestions parallèles à celles de
M. Cloutier mais pour les galeries, les musées, la
musique ou la danse, il est probable qu'il susciterait des réactions similaires de la part de ses collègues. Après tout, ne vivons-nous pas dans une
société où l'on s'invente des guerres de religion à
propos du site de la prochaine bibliothèque ou de
la féminisation des titres ?

Se pourrait-il alors que cette tempête dans
notre verre d'eau théâtral soit le signe d'un malaise, réel et anticipé, quant à la place de Montréal
dans le système culturel québécois ? Se pourrait-il que le « gros nerf » titillé par Cloutier soit celui
de la place et du rôle de Montréal comme métropole ou capitale culturelle du Québec ? C'est la
diversité et la permanence de l'offre culturelle qui
font d'une ville une métropole culturelle et pas
seulement la frénésie avec laquelle les événements tournent et se succèdent (encore que ce critère soit lui aussi fort important). Sans cette diversité et cette permanence, une ville ne peut espérer

rayonner. Or, le rayonnement est au cœur même du projet de capitale culturelle.

Le moins que l'on puisse dire, c'est que la vie culturelle montréalaise a de la difficulté à rayonner (attention : rayonner ne veut pas dire exporter). Grâce à la présence à Montréal des grands médias et d'une expertise hors du commun en matière de « mise en scène », nous sommes devenus les champions toutes catégories de l'empaquetage et de la vitrine. Pendant des années — *grosso modo* la période de la Révolution tranquille —, Montréal a servi de relais aux transformations survenues dans l'univers culturel québécois. Ce n'est pas tant que notre littérature, nos arts visuels, notre chanson ou notre théâtre s'étaient urbanisés et encore moins « montréalisés », mais plutôt que nous avons su utiliser Montréal comme tremplin vers l'extérieur. Aujourd'hui, le cinéma québécois a toutes les difficultés du monde à retrouver sa place, mais on ne compte plus le nombre de films qui se tournent à Montréal. Il semble que la planète au complet vient de découvrir que Montréal pouvait constituer un magnifique plateau de tournage.

Le poids de Montréal

Évidemment, Montréal continue de peser d'un poids extrêmement lourd dans la création et la production culturelles québécoises. Le contraire serait surprenant et désolant. Avec 20 % de la population française, la grande région parisienne (Île-de-France) regroupe plus de 70 % de tous les comédiens du pays. Lorsqu'on connaît les efforts surhumains faits par la France pour implanter un théâtre de qualité partout en province, on demeure surpris par la faiblesse des effectifs de l'extérieur de Paris. Bien plus, 15 % des comédiens français sont nés à l'étranger et 7 % n'ont pas la nationalité française. Et dire que Paris, surtout le théâtre, a la réputation d'être tournée sur elle-même !

Nous n'avons pas de chiffres à ce sujet — et c'est d'ailleurs un problème —, mais je serais surpris si on me disait que le produit culturel montréalais voyage bien et que Montréal constitue un pôle d'attraction culturelle puissant pour les touristes qui y séjournent. Pour de nombreux acteurs et participants à l'effervescence culturelle montréalaise, il suffit d'être « gros » pour rayonner et jouer ce rôle de capitale culturelle sans lequel c'est toute la culture québécoise et la culture au Québec qui risquent de prendre le bord. À l'heure des métropoles et de la mondialisation, les peuples et leurs cultures ne pourront survivre que si leur propre métropole culturelle joue pleinement son rôle.

Ce que j'ai retenu de la sortie de Raymond Cloutier, c'est la nécessité pour une ville comme Montréal de laisser suffisamment de temps à sa production théâtrale pour qu'elle puisse s'installer et ainsi contribuer à l'émergence d'une véritable signature culturelle montréalaise. Il y a des pièces qui ne pourront jamais voyager à l'extérieur de Montréal et je n'ai pas l'impression que les gens de Chicoutimi ou de Gaspé en font tout un drame. Par contre, peut-être aimeraient-ils profiter d'un séjour à Montréal pour y assister. Cela marche pour le Festival international de jazz ; je

ne vois pas pourquoi cela ne marcherait pas pour
le théâtre.

Stratégie culturelle

Ce débat, comme d'ailleurs celui qui entoure
la vocation du château Dufresne ou la localisation
de la future Grande bibliothèque, illustre aussi le
peu d'attention portée à la question d'une stratégie culturelle pour l'ensemble de la région métropolitaine. Au début des années quatre-vingt-dix,
les acteurs du développement scientifique et tech-
nologique de la métropole, ceux de Brossard
comme ceux de Saint-Laurent ou de Laval, ont
tiré certaines leçons des déchirements qu'avait
entraînés la question de l'Agence spatiale. Ils ont
accepté, l'espace de quelques mois, de réunir
leurs ressources pour dresser le tableau le plus
complet qui soit des forces et des faiblesses de la
métropole en matière de science et de technolo-
gie. Il n'en est pas ressorti de grande stratégie ou
de *gosplan* à la soviétique, mais une appréciation
réaliste des chances que Montréal avait de percer
sur la scène de la nouvelle économie. On a pu au
moins éviter le pire, comme de déménager une
partie de l'Université du Québec à Laval sous prétexte que cette ville «méritait» son université.

Quand on pense que nous disposons de bien
peu de données fiables et valides sur la création, la
production et la diffusion culturelles dans la
grande région de Montréal, il y a de quoi désespérer. Certes, à l'occasion, les gouvernements
publient des «comptes culturels» ou des répertoi-
res d'indicateurs d'activités culturelles, mais malgré les efforts héroïques de ceux et celles qui ont

la responsabilité de ces travaux, on doit convenir que ces renseignements sont de bien peu d'utilité lorsque vient le temps de dresser des diagnostics précis de situations fort complexes. C'est ainsi que l'on continue de véhiculer des affirmations sans fondement comme celle qui veut que 85 % de la création culturelle du Québec se fasse à Montréal.

De plus, il n'est pas facile de s'y retrouver dans les chiffres qu'on nous lance à droite et à gauche. Ainsi, selon la dernière édition (1997) des *Indicateurs d'activités culturelles au Québec,* publiés par le Bureau de la statistique du Québec, on apprend que les 24,4 % de personnes de 15 ans et plus qui affirment être allées au théâtre durant la saison régulière ne concernent que les 85 % de la population qui ont affirmé avoir fait au moins une sortie durant l'année. De plus, ce chiffre comprend aussi le théâtre amateur. Il faudrait donc remettre quelque peu en perspective les chiffres qui nous disent que les Québécois sont environ 40 % plus nombreux à aller au théâtre que les Français. Ces mêmes réserves devraient aussi inciter à la prudence lorsqu'on tente d'expliquer pourquoi la fréquentation du théâtre a baissé de 2,3 % entre 1979 et 1994.

La même prudence s'impose lorsqu'on conclut que ces quelque 24,4 % ont donné 1,16 million d'individus-spectateurs pour l'ensemble du Québec. En multipliant ce nombre par le taux de fréquentation annuel moyen, soit 3,2 spectacles de théâtre pour chaque individu-spectateur, on arrive au chiffre fort impressionnant de 3,72 millions de spectateurs à des représentations de théâtre en 1994. Cela me semble beaucoup.

Une fois que nous aurons fini de déchirer nos chemises en public sur le cas Cloutier ou sur celui de l'art brut, peut-être pourrons-nous passer à une réflexion certes moins enivrante mais combien plus utile sur ce que pourrait vouloir dire la vie culturelle et artistique dans une métropole comme celle que se targue d'être Montréal. Cela nous changerait des forums sur la pauvreté, le transport en commun, le traitement des ordures ou la collecte des bouteilles consignées.

DANIEL LATOUCHE
professeur titulaire
à l'INRS-Urbanisation
et responsable du Groupe de recherche
et de prospective
sur les nouveaux territoires urbains
(Culture et Ville)

Le Devoir, 16 avril 1998

Commençons par le commencement

La situation du théâtre à Montréal

La publication, dans l'édition du 7 mars du journal *Le Devoir*, de mon texte sur la situation du théâtre montréalais a suscité de nombreuses réactions. J'ai reçu plusieurs témoignages allant de l'invective à l'encouragement et d'autres qui m'interrogeaient sur la faisabilité d'une nouvelle manière d'envisager la diffusion au centre-ville de Montréal.

Je tiens à préciser que mon intervention n'englobait que les théâtres institutionnels de la métropole, c'est-à-dire les huit compagnies qui ont un lieu de représentations à Montréal et une programmation s'adressant à l'ensemble de la population. J'excluais volontairement les théâtres de recherche et d'expérimentation, reconnaissant qu'ils peuvent être les premières victimes de la surproduction de nos grands théâtres.

Il s'agit donc de l'Espace Go, du Théâtre la Veillée, du Théâtre de Quat'Sous, du Théâtre d'Aujourd'hui, du Théâtre Denise Pelletier, de la Compagnie Jean Duceppe, du Théâtre du Rideau Vert et du Théâtre du Nouveau Monde.

Ces compagnies à elles seules présentent, chaque année, environ 35 spectacles différents et offrent 3000 sièges disponibles tous les soirs ouvrables. Si ces compagnies jouent en moyenne une trentaine de représentations par production, nous pouvons présumer qu'il y a 90 000 places de théâtre à vendre à chaque nouvelle production de nos 8 compagnies.

Je n'entrerai pas dans une bataille de chiffres. Mais nous savons que les théâtres se portent bien lorsqu'ils avouent une jauge de 65 % lors d'une saison. On peut donc conclure, sans trop déraper, qu'environ 60 000 personnes se présentent dans nos théâtres à chaque changement de programmation. C'est ainsi que j'en arrive a penser que 30 000 spectateurs fréquentent plus ou moins régulièrement nos salles, en présumant qu'un même spectateur se déplacera pour voir au moins 2 pièces dans le même mois et demi.

J'en arrive donc à la constatation d'une situation bloquée. Si nous laissons les choses en l'état, jamais nous n'augmenterons notre bassin de public. À preuve, lorsqu'il y a succès du *Misanthrope*, de *Don Quichotte*, des *Muses orphelines* et de dizaines d'autres, il nous faut retirer le spectacle pour retourner captiver notre bassin d'abonnés, espérant revoir ceux qui se sont greffés à notre succès précédent.

Nous sommes alors enfermés dans un carcan de diffusion qui nous empêchera toujours d'élargir l'assiette. Du coup, nous restreignons la disponibilité de ce public sursollicité à un théâtre en marge et aux expériences de toutes sortes. Les productions fortes qui naissent en région ont elles aussi peu de chances d'avoir droit à une diffusion montréalaise pour les mêmes raisons.

La population des régions éloignées de Montréal n'a pas le temps physique d'atteindre nos productions et la majorité des Montréalais de toutes origines se sentent perdus devant cet incessant carrousel.

Nous sommes sur la défensive, nous voulons, à juste titre, protéger nos acquis. Mais en refusant d'aérer notre système et de reconnaître qu'il y a un véritable engorgement, nous nous dirigeons vers une attrition de notre clientèle.

Il me semble que la mission de ces compagnies, subventionnées de 32 % à 63 % selon leur taille et leur mandat, est centrée sur la production et la diffusion du théâtre à tout le public de la grande région de Montréal et, par effet d'entraînement, à l'ensemble du Québec.

Si un subventionneur diminuait les montants alloués à une compagnie sous prétexte qu'elle produit moins et joue plus longtemps, il faudrait lui rappeler la raison d'être de l'art dramatique. Jusqu'à preuve du contraire, je crois que tout le milieu du théâtre cherchera la solution à ce problème majeur.

Qu'est-ce que nous recherchons ? L'augmentation substantielle de la fréquentation de chacune des productions avec comme conséquence aux guichets la capacité de mieux payer les artistes qui façonnent notre art.

Ma préoccupation est double. D'une part, si les metteurs en scène, les auteurs, les scénographes, les éclairagistes et les acteurs sont si pauvres lorsqu'ils ne font que du théâtre, c'est que, soit les compagnies n'ont pas les revenus pour leur offrir un cachet normal, soit l'argent est dépensé ailleurs. Un exemple : nous savons que le Théâtre du Nouveau Monde n'alloue qu'une très faible portion de son budget au cachet des acteurs. Je suis convaincu que les revenus de cette compagnie ne sont pas assez élevés pour augmenter de façon substantielle le budget alloué aux artistes. Nous n'aurons pas, je le souhaite, l'audace d'en demander plus à l'État sans démontrer une plus grande capacité d'accueil d'un nouveau public. Non, la logique simple nous commande de moins dépenser en frais directs de production, donc de produire moins de spectacles différents et de les amortir sur un plus grand nombre de représentations.

Si nous reportions, dans chacune des compagnies institutionnelles, dès septembre 1999, le budget d'une production sur l'ensemble des autres de la même saison, nous pourrions répartir

ces sommes en augmentant de façon substantielle
le cachet des concepteurs et des acteurs. Les répétitions n'étant jamais rémunérées, le cachet de
60 représentations garantirait une rémunération
adéquate.

Et, d'autre part, nous donnerions automatiquement la possibilité à plus grand nombre de
spectateurs d'atteindre nos salles. Bien sûr, ce
n'est pas magique. Il faudra être patient, donner le
temps au temps de faire son œuvre. Mais nous
n'avons pas, à ma connaissance, d'autres alterna-
tives.

En l'an 2000, même opération. Un spectacle
de moins et son budget réparti sur les autres.
Alors seulement je crois que nous serons capables
d'accueillir les 100 000 spectateurs différents qui
aimeraient fréquenter nos théâtres.

Toutes sortes d'avenues de développement
de publics se présentent à nous. Le Conseil québécois du théâtre pourrait poursuivre les missions
déjà entreprises il y a quelques années pour inven-
torier des solutions ailleurs dans le monde et
adaptables ici.

Maintenant, abordons la question « existen-
tielle » qui m'a été soumise. Comment garantir un
succès ? Certains craignent la venue d'un théâtre
« marchand », d'autres l'obligation de ne produire
que des comédies musicales ? On a bien peur que
monsieur et madame Tout-le-Monde guident nos
programmations. Les responsables de nos grandes compagnies, incluant leurs conseils d'administration, semblent douter de la capacité intellectuelle des citoyens à adhérer à leurs choix
artistiques.

Montréal a changé, le Québec n'est plus ce qu'il était. Mon dépanneur coréen parle français et m'enseigne les rudiments du mandarin. Sa culture est large et immense. Mon nettoyeur italien descend à Boston pour entendre une symphonie. Je peux multiplier les exemples et redemander à ceux qui tiennent ces discours défaitistes de réévaluer leur analyse ou de laisser la place à ceux qui ont les yeux ouverts sur une société nouvelle. Trente années de scolarisation ont sûrement laissé des traces quelque part. Avons-nous tout fait pour accueillir notre nouvelle réalité ?

Diriger une compagnie de théâtre est une tâche complexe et très risquée. Est-ce logique de prétendre que prendre quatre bonnes décisions de programmation, c'est plus facile que cinq ? Et trois alors ? Aucun directeur artistique ne veut programmer un échec. Pourquoi, alors que nous chercherions à jouer plus longtemps nos succès, devrions-nous désormais faire des concessions inavouables ? *Un simple soldat*, *Don Quichotte*, *Les sorcières de Salem* sont-ils des choix marchands ? Bien sûr que non, et je prédis à ces trois productions un tel succès que la pertinence de mon intervention sera encore une fois démontrée et que nous serons des milliers d'initiés à ne pouvoir voir ces spectacles.

Que fait-on des échecs, des spectacles qui ne lèvent pas ? Actuellement, on continue pour nos abonnés qui daignent se présenter, et on étire le malaise. Les acteurs doivent défendre, devant des salles sans joie, un spectacle auquel souvent ils n'adhèrent pas. C'est pénible pour tout le monde. Alors n'insistons pas, fermons boutique, rachetons nos contrats et programmons le spectacle suivant.

Les répétitions du spectacle suivant devront toujours être avancées pour avoir sous la main un spectacle de substitution. J'ose croire qu'un échec sur quatre et éventuellement sur trois, c'est assez. Sinon, il faudra s'interroger sur le flair de la direction artistique. Demandons à nos abonnés de devenir membres associés de nos compagnies et de jouer le jeu de la souplesse avec nous. Toutes sortes de formules sont possibles et déjà expérimentées dans plusieurs métropoles.

Voilà pour l'étape intermédiaire de 1999 et 2000. Mais l'objectif ultime c'est de faire du centre chaud de Montréal une vitrine permanente présentant toutes les formes de théâtre avec un système d'alternance applicable dans plusieurs de ces compagnies. Je n'ai jamais pour ma part suggéré l'établissement de troupes permanentes avec des pensionnaires. Gardons le même rapport contractuel avec nos artistes.

Montréal serait alors dépositaire d'un rendez-vous théâtral important pour nous, pour les touristes québécois, ceux des deux Amériques et pourquoi pas de l'Europe. Si nos productions de pointe sont plus vues à l'étranger qu'ici, pourquoi ne pas penser qu'un jour on viendrait à Montréal comme nous allons à Stratford ou à Avignon ?

Mais commençons par le commencement. Pensons à ouvrir les salles plus longtemps dans l'année en les fermant moins souvent pour changer de production. Permettons à de jeunes compagnies d'occuper ces lieux dans nos périodes de fermetures annuelles. Offrons aux familles de fréquenter nos théâtres durant les vacances de Noël, à Pâques, et durant l'été.

Creusons-nous les méninges pour sortir du carcan qui nous a bien servi pour nous faire croire à l'illusion de Montréal métropole culturelle, alors que nous divertissons seulement notre petit club tricoté serré et excluons par notre système des dizaines de milliers de spectateurs potentiels qui vivent autour de nous, dépositaires de cultures multiples et qui sont en train de façonner, en dehors de notre carrousel institutionnel, la réalité culturelle de Montréal.

RAYMOND CLOUTIER

IX

La vague

L e lendemain de la parution de mon premier texte dans *Le Devoir*, le 8 mars, j'étais invité, dans le cadre du Gala Métrostar, à remettre un prix au meilleur acteur de l'année dans une télésérie. Dans les coulisses, autour des tables de maquillage, dans le hall du Monument-National, les témoignages d'encouragement, les tapes dans le dos, les sourires complices me firent croire que je venais de toucher le cœur du problème qui hante secrètement notre communauté évoluant dans et autour de l'art dramatique. Au cours de la réception qui suivit le Gala, les signes qu'une vague impossible à arrêter déferlait sur notre beau milieu se firent de plus en plus évidents.

Mᵐᵉ Louise Beaudoin, ministre québécoise de la Culture et des Communications, invitée d'honneur à ce Gala, me dit, alors que nous nous apprêtions à regagner nos sièges respectifs, être prête à bouger s'il y avait consensus dans le milieu et vouloir demander au Conseil des arts et des lettres du Québec de réfléchir à ces questions de diffusion et de pauvreté des artistes de la scène. Elle semblait étonnée du maigre salaire dévolu à nos plus grands talents. Je fus, à ce moment-là, rassuré sur l'utilité de ma démarche. Ajouter ma pierre à l'édifice du mieux-être culturel est ma seule préoccupation.

Les invitations à venir participer à toutes les émissions d'affaires publiques, d'information et de variétés affluèrent aussitôt. Dès le 27 mars, Journée mondiale du théâtre, je passai une heure en compagnie d'Anne-Marie Dussault à Télé-Québec, dans le cadre de l'émission *Québec plein écran*. L'entrevue fut amicale et dynamique. Mme Dussault, bien préparée, conversa sans contrainte avec moi, n'hésitant pas à mettre le pied sur tous les terrains qui se présentaient à nous. Je n'eus pas l'impression, contrairement à tant d'autres d'émissions, d'avoir été son faire-valoir.

À la fin, un invité de l'invité venait réagir à l'entrevue et répondre à quelques questions. J'avais, en accord avec les recherchistes de l'émission, arrêté mon choix sur Robert Lévesque, ex-critique de théâtre au quotidien *Le Devoir*. Tout pour me faire aimer !

Plusieurs dérapages inacceptables envers la fonction de critique avaient eu lieu dans les mois précédents. Boycottage, publicité payée par l'Espace Go pour dénoncer un journaliste qui avait chahuté, bref je tenais à faire la mise au point suivante : Le problème de notre métropole n'est pas la critique mais le trop petit nombre d'entre eux et la responsabilité invraisemblable et injustifiée de leurs opinions sur le succès d'une production. Tous ceux qui participent à des spectacles attendent fébrilement le verdict de leurs juges officiels dès le lendemain de la première. Ici

comme ailleurs. Et tous voudraient voir dispa-
raître la fonction même de critique dès que l'opinion est négative. La plupart vous diront qu'ils
sont un mal nécessaire et tous ont une opinion
bien arrêtée sur ce que devrait être un critique :
constructif, éducatif, analytique, humble, capable
de compassion, de tenir compte des conditions de
travail, du budget, de la santé des participants,
etc. N'empêche que les artistes jubilent lorsqu'un
critique remet les pendules à l'heure dans un papier sur un spectacle prétentieux ou stupide,
plagié ou mercantile.

Dans un monde qui ne vit que sur l'illusion
d'événements, sur des glorioles passagères, sur
des réputations de journaux à potins, la fonction
de critique prend des allures malsaines. Le petit
monde qui tourne en rond, lové sur lui-même, ne
se nourrit que de pitance médiatique. N'ayant
plus de signification, de résonance sociale, d'impact réel sur la vie et la conscience des citoyens, le
théâtre institutionnel n'est plus qu'une machine à
rumeurs, un marécage rempli d'oiseaux et de cro-
codiles, un territoire sans identité autre que les
réputations de papier.

La critique retrouvera sa fonction lorsque les
théâtres auront un autre projet que le : « As-tu-
vu-mon-nouveau-spectacle-comme-il-est-
merveilleux ? »

Ce n'est pas demain la veille, car la plupart
des actrices et des acteurs ont investi la scène par
besoin d'amour et, tant que la machine à vanité
occultera la machine à créer du sens, le beau
milieu pataugera dans la même vacuité. Fin de la
parenthèse sur le beau métier de critique, dont j'ai

moi aussi subi, à maintes reprises, les foudres dévastatrices.

Le 2 avril, je fus même invité, croyez-le ou non, à l'émission *Le Poing J* de Julie Snyder. Bien sûr, ma participation au téléroman de Lise Payette, *Les machos*, m'ouvrait des portes, surtout au réseau TVA, mais j'étais quand même surpris de me retrouver assis sur ce fauteuil jaune entre l'orchestre assourdissant et un public tapant des mains sur l'ordre d'un meneur de claques. Je sus, comme à mon habitude, adapter mon discours à l'heure d'écoute et à la clientèle visée, ne sachant trop ce que je pouvais y gagner en appui. Ce débat ne devait concerner que ceux qui produisent ou diffusent le théâtre.

L'entrevue fut courte, quoique divertissante. À la sortie, je me disais, à l'instar de l'Avare de Molière : « Que suis-je venu faire dans cette galère ? »

Le lundi de Pâques, 13 avril, de retour de trois jours de vacances sur la côte est américaine, je m'arrêtai dans le stationnement d'un centre commercial pour participer *via* le téléphone à l'émission *Le midi-quinze* de Radio-Canada, animée par Sophie André Blondin en remplacement de Jean Dussault. On m'informa, quelques minutes avant l'émission, que les trois autres participants à cette table ronde avec tribune téléphonique seraient Pierre Curzi, président de l'Union des artistes, Alice Ronfard, metteure en scène et fille de Jean-Pierre (je me demandais par quel hasard elle se retrouvait là et si elle avait lu ma lettre à son père), et Daniel Simard, codirecteur du théâtre de La Licorne.

Pendant ces 45 minutes de discussion depuis les États-Unis, je reçus le soutien de Pierre Curzi, qui corrobora ma prétention que produire moins pour plus longtemps consoliderait la carrière des acteurs qui se consacrent à la scène, que la plupart d'entre eux courent d'un spectacle à l'autre et que cela ne diminuerait pas de façon douloureuse le nombre d'emplois disponibles. Il était heureux qu'un débat comme celui-là se fasse puisque les conditions de travail et de rémunération le préoccupaient et qu'il jugeait que la folie de notre système de diffusion devait être remise en question.

Daniel Simard évoqua ses efforts inutiles de démocratisation dans le quartier de La Licorne et je finis par convaincre Alice qu'elle méritait le double de son salaire de metteure en scène et qu'elle ne pourrait l'obtenir que lorsqu'il y aurait deux fois plus de représentations d'un même spectacle. Je répondais ainsi à ses craintes de voir les revenus déjà maigres des metteurs en scène diminuer si on produisait moins.

Les auditeurs qui participèrent à l'émission m'appuyaient sans réserve. Certains désiraient des abonnements plus souples qui leur permettraient d'aller dans tous les théâtres, et d'autres confirmaient mon analyse de l'affiche disparue lorsque enfin la rumeur les atteint.

Le 26 avril, à ma grande surprise, je participai à l'émission matinale du réseau anglais de Radio-Canada. J'y suggérai un système d'alternance au Centaur, pratiquement seul centre de diffusion majeur de la dramaturgie anglophone à Montréal. Plus que tout autre, les amateurs de théâtre anglophones qui, comme moi, se rendent à New York pour découvrir les auteurs qu'on y présente profiteraient d'un système plus étendu dans le temps de ces productions trop éphémères.

Je crois aussi avoir évoqué le fait que si nous, francophones informés, avons du mal à suivre le rythme de nos productions, les citoyens d'autres langues et cultures qui composent notre réalité métropolitaine sont exclus *de facto*. Cela n'aide en rien la compréhension et la pénétration de notre culture chez nos immigrants et nos visiteurs parlant d'autres langues en plus de la nôtre, s'informant dans d'autres quotidiens ou hebdos et fréquentant d'autres milieux que notre petit cercle.

Je terminai ce bal médiatique le 26 avril, à l'émission de Michel Lacombe, *Dimanche Magazine*. Je repris une dernière fois tous les arguments, enfonçai le même clou et me coulai définitivement en fin d'émission, déclarant me méfier de notre nationalisme romantique qui nous évite de nous attaquer à nos vrais problèmes, affirmant que notre propension au pétage de bretelles, à la vantardise suspecte, aux statistiques gonflées, au protectionnisme frileux nous empêche de nous adresser immédiatement au constat d'inculture que j'énonçais. Michel Lacombe, par je ne sais quel détour tordu, me demanda de me positionner sur le plan constitutionnel : « Vous êtes fédéraliste, ma foi ! » dit-il.

Le grand mot était jeté. Dès que l'on remet en question une entreprise d'ici, dès que l'on critique ses pairs, ce qu'ils font ou comment ils le font, dès que l'on met en doute la validité d'une confortable réalité, on nous accuse d'être passé dans l'autre camp. Je lui répondis ce que je réponds toujours : « Les États-nations me font peur, ils sont à l'origine de tous les conflits modernes. Je serais plutôt un confédéraliste, partisan d'une fédération d'États associés. »

C'est vrai que je n'en peux plus de cette pensée unique, de ce projet national qui ne profite à personne. L'éducation, la langue et la culture nous appartiennent, à nous d'en disposer. Si nous ne voulons pas plus de monde dans nos salles de théâtre, c'est de notre faute. Et qu'attend le ministère de l'Éducation pour inscrire au programme du primaire et du secondaire la fréquentation des arts de la scène ? Et qu'attend surtout le milieu des arts de la scène pour revendiquer cette politique ?

L'accessibilité à la culture est inscrite dans le premier article de la Constitution française. Ici, c'est encore un loisir pour petit-bourgeois initié, une sortie divertissante pour meubler la conversation, un désennui, un passe-temps. Pas étonnant que le discours soit plus industriel qu'éducationnel.

N'empêche que, du strict point de vue de la logique économique, il serait plus profitable de tout mettre en œuvre pour créer des troupes aux quatre coins du Québec, dans lesquelles les élèves en art dramatique, que nous formons à grands frais à Montréal et à Québec, pourraient trouver un emploi stable d'acteur et de professeur d'art dramatique. En ce moment, nos diplômés ne servent qu'à grossir la cohorte des garçons et filles de table des bars et restaurants montréalais. Les régions se vident par notre propre mauvaise volonté. Lorsque toutes les écoles du territoire seront dans l'obligation d'amener leurs étudiants à plusieurs représentations de théâtre profession-nel chaque année, chaque grande région devra disposer d'une compagnie permanente pouvant permettre en plus aux adultes, le soir, une fré-quentation continue du répertoire national et international. Beaucoup d'acteurs et d'actrices, originaires ou non de ces régions, y travailleraient volontiers plutôt que de moisir, désespérés, dans la métropole. La même solution s'applique en musique sérieuse. Nous disposons déjà d'un réseau de conservatoires capable de produire ces œuvres que tous nos élèves du primaire et du secondaire devraient fréquenter obligatoirement à chacune des années de leurs études. Ces repré-sentations théâtrales ou musicales devraient être préparées et animées par des spécialistes en musique et en art dramatique. En ce moment, ce sont toujours les professeurs de n'importe quoi, en disponibilité, qui s'occupent, lorsque l'école le veut bien, de « l'activité théâtre ». C'est insultant et régressif.

La culture n'est pas magique et ne doit pas dépendre de la bonne volonté des enseignants ou des parents. C'est l'obligation de l'État de la rendre disponible à tous. Quand une ou deux générations d'étudiants auront, dans l'ensemble du Québec, assisté, à chacune de leurs années d'études, à des concerts symphoniques, des pièces de théâtre, des spectacles de danse, visité deux ou trois musées et travaillé avec leurs pro-fesseurs à en comprendre les tenants et aboutis-sants, l'historicité et les conséquences, bref quand toutes ces manifestations créeront du sens pour l'ensemble, notre identité nationale aura une réelle vibration incontournable.

D'ici là, inutile de rêver à un pays. Il y a sur notre territoire assez de musiciens, d'artistes dramatiques, d'équipements muséaux pour animer toute cette population estudiantine. Qu'attendons-nous? Des frontières à nous? Le grand soir? Les barricades? Non, d'abord la conscience et la liberté qu'apportent la culture et les arts. Ensuite, nous verrons. Pas avant.

Vivre dans une société productiviste et aliénée ne m'intéresse en aucun point. Qu'elle soit indépendante ou dépendante, elle sera toujours dangereuse et triste. Si on ne fait pas maintenant ce que l'on est capable de faire, on ne le fera pas davantage demain. Nos élites, qui ont les leviers de la diffusion culturelle en main, se pavanent et se gargarisent alors que les artistes crèvent de faim, que la population baigne dans l'indifférence et que le cirque médiatique fait ses choux gras avec le potinage culturel. Durant ce temps, tout reste en l'état, une autre génération de travailleurs et de consommateurs ira faire tourner la machine. La tristesse et la laideur environnante augmenteront à chaque heure et la démocratie s'appuiera sur le marketing et les mensonges.

L'art, qui devait être l'antidote à l'imbécillité et à l'insensibilité, et la culture, ce ferment de toute vraie civilisation, tribale ou républicaine, ancienne ou moderne, ne sont plus maintenant qu'un divertissement pour initiés, un faire-valoir pour tous les petits pouvoirs en place.

X

En guise d'épilogue

On dit souvent qu'il vaut mieux laisser le temps faire son œuvre. Moi, qui ne suis ni patient ni confiant, j'aurais plutôt tendance à dire que le temps ne fera qu'engourdir sinon envenimer toutes choses.

À la veille de déposer mon tapuscrit chez Lanctôt éditeur, je lus, ravi, la conclusion de toute cette saga dans *La Presse* du 7 décembre 1998, neuf mois jour pour jour après la parution du texte déclencheur dans *Le Devoir*, le 7 mars 1998. Le titre — aussi fracassant que le précédent — de cet article signé de nouveau par Raymond Bernatchez, est le suivant : «Gilles Pelletier donne raison à Raymond Cloutier».

La Presse, mardi 7 décembre 1998

Gilles Pelletier donne raison
à Raymond Cloutier

Gilles Pelletier, qui recevait officiellement hier le prix Denise-Pelletier, au gala des Prix du

Québec 1998, nous a appris tant de choses à son sujet lors d'une récente entrevue qu'il nous a été impossible de tout aborder dans un texte publié dans l'édition de samedi.

Encore une fois, si vous me le permettez, je reviens sur cette rencontre et plus spécifiquement sur un aspect non traité dans cet article portant sur sa perception du théâtre qui se fait à Montréal depuis quelques années.

Au terme de 53 années de carrière, Gilles Pelletier estime, croyez-le ou non, que ce ne sont pas les années 1980-1990 qui correspondent à l'âge d'or du théâtre à Montréal mais bien les années 1960. S'il est prêt à convenir que les années 1980-1990 sont celles de l'abondance et de la variété, les années 1960 étaient, à son point de vue, les plus fertiles en termes de qualité de production.

Un acteur de la trempe de Christopher Plummer a alors confié à Gilles Pelletier que Montréal était LA ville du théâtre et que s'il eût été francophone, c'est chez nous qu'il serait venu travailler. La grande actrice française qu'était Danièle Delorme était estomaquée par la qualité du jeu ainsi que par le raffinement des décors et costumes dans les productions du TNM, du Rideau Vert et du Théâtre Club.

Qu'en est-il d'aujourd'hui ? En accord avec le comédien-polémiste Raymond Cloutier, Gilles Pelletier estime que l'on produit beaucoup trop dans nos grands théâtres institutionnels.

« Je crois, comme lui, qu'il faut trouver une formule qui permette de faire durer le succès. Le petit public d'ici ne peut pas s'engager à voir six pièces par année chez Duceppe et autant au Nouveau Monde aussi bien qu'au Rideau Vert », soutient-il après avoir déterminé que « Montréal n'est pas une ville de théâtre ». « Combien y a-t-il de gens qui vont tout voir à Montréal, 8000 à 9000 personnes ? À Londres, il y a quelques années, il y en avait 400 000 pour aller voir tout ce qui compte, soit environ 6 pièces par année. »

Qu'adviendra-t-il des jeunes, s'il y a moins de travail ? Gilles Pelletier est persuadé que ceux qui ont du talent sauront bien se faire remarquer dans des petites productions montées par eux-mêmes. Pour ce qui est du reste, les metteurs en scène aussi bien que les acteurs seront à son avis les grands gagnants si une telle rationalisation finit par s'imposer. Tout miser sur une colossale folie théâtrale annuelle avec une seconde production parachute nécessitant moins d'investissement, telle est la formule qu'il suggère aux grandes compagnies. Voilà de quoi alimenter la réflexion du milieu...

RAYMOND BERNATCHEZ

Il y a quelques années, à ma demande, M. Pelletier m'avait reçu chez lui. Je voulais le consulter sur la formation des acteurs, sur l'avenir du théâtre québécois et plus particulièrement sur l'avenir de la Nouvelle Compagnie Théâtrale, maintenant nommée Théâtre Denise Pelletier. À la fin de la rencontre, il m'avait remis un livre en cadeau, un livre qui me semblait une sorte d'héritage. On y relatait les efforts, inimaginables aujourd'hui, que fit l'administration américaine au milieu de la grande dépression des années trente pour remettre au travail les milliers d'acteurs et d'actrices alors en chômage. Une politique de diffusion du théâtre inégalée dans l'histoire. Redonner de l'espoir à une nation démotivée par la cruauté de l'économie, ressouder une population méfiante et désœuvrée, divertir, enchanter, émouvoir, identifier, secouer, indigner, compatir, choquer, glorifier, bref, comme l'écrivait Louis Jouvet, «le théâtre rend aux hommes la tendresse humaine... une libération se fait, une élévation survient, une connaissance intérieure se pratique, une vie profonde se déclare entre les hommes».

Faisant mien ce bel idéal, je quittai Gilles Pelletier ragaillardi. Probablement que mon intervention de mars dernier et ce livre qui en résulte sont aussi le fruit des convictions qu'il manifesta au cours de cette rencontre déjà lointaine. Quelle heureuse fin pour ce petit livre qui tente de jeter les pistes d'une remise en question de la diffusion du théâtre à Montréal mais aussi de la mise en place, sur tout le territoire québécois, de structures de production pouvant assurer la pérennité d'un art nécessaire à notre cohésion sociale.

Table des articles
reproduits dans cet ouvrage

Table des matières

CET OUVRAGE
COMPOSÉ EN PALATINO ET EN TIMES
CORPS DOUZE SUR QUATORZE
A ÉTÉ ACHEVÉ D'IMPRIMER
LE NEUF FÉVRIER MIL NEUF CENT QUATRE-VINGT-DIX-NEUF
PAR LES TRAVAILLEURS ET TRAVAILLEUSES
DE MARC VEILLEUX IMPRIMEUR
À BOUCHERVILLE
POUR LE COMPTE DE
LANCTÔT ÉDITEUR.

IMPRIMÉ AU QUÉBEC (CANADA)